Biographie

Niesje Wolters-van Bemmel machte ihre Ausbildung in der Abteilung "Modezeichnen und Entwurf" an der Akademie "De Schans" in Amsterdam und nahm zusätzlich Unterricht in Porträtzeichnen. Ihr späteres Intresse galt aber hauptsächlich dem Zeichnen und der Aquarellmalerei.

1973, mittlerweile verheiratet und Mutter von 4 Kindern, belegte sie einen Kurs in Puppenmachen. Seitdem gehört neben dem Zeichnen und der Aquarellmalerei auch das Puppenmachen zu ihren schöpferischen Tätigkeiten. Bereits von Anfang an hatte sie viel Erfolg. So arbeitete sie im Auftrag der Programmausstattung des niederländischen Fernsehens, wo sie unter anderem die Puppe "Elise" für das Musikprogramm "Für Elise" machen durfte.

Auch machte sie zum Beispiel lebensgroße Puppengestalten aus Holz und Kunststoff für eine Industrieausstellung. An den Volkshochschulen in Haarlem und Woerden ist sie eine gefragte Dozentin.

Ihre Puppen waren und sind auf vielen Puppenausstellungen, nicht nur in den Niederlanden, zu sehen. In Tokio in Japan wird seit 1979 'eine Auswahl' ihrer Puppen permanent ausgestellt.

Seit 1980 hat sie ihr eigenes Atelier in Loosdrecht in den Niederlanden. Hier arbeitet sie an ihren Puppen und Aquarellen. Außerdem gibt sie hier Kurse in Puppenmachen, Zeichnen und Aquarellmalen. Ihr Atelier kann nach telefonischer Vereinbarung besucht werden.

Niesje Wolters-van Bemmel wird Ihnen dabei auf Wunsch ihre Puppenmacherarbeit vorführen.

Nach diesem Buch, von dem inzwischen eine deutsche und eine englische Übersetzung erschienen sind, schrieb sie ein zweites Buch mit dem Titel "Vier weitere Puppen", das demnächst auch in einer deutschen Übersetzung erscheinen wird.

Kolophon
Text
Niesje Wolters-van Bemmel

Fotos
Joost van Velsen

Gestaltung
Max Wolters

Übersetzung
Liesbeth Hensing

Copyright ©
Niesje Wolters-van Bemmel
ISBN 90 70519 08 9

Herausgegeben von
Atelier Niesje Wolters-van Bemmel
Oud Loosdrechtsedijk 276
1231 NK Loosdrecht
Niederlande

Kein Teil dieses Werkes darf in irgendeiner Form (durch Druck, Fotokopie, Mikrofilm oder ein anderes Verfahren) ohne vorherige schriftliche Genehmigung des Verlages reproduziert werden.

Vorbereitungen

Vorbereitungen

Bevor wir mit dem Modellieren anfangen, machen wir uns zuerst einen Modelliersockel, der uns beim Modellieren als Stütze für den Puppenkopf dient.

Wir benötigen hierfür eine 2 cm dicke Spanplatte von 15 cm Länge und 10 cm Breite und ein 10 cm langes Rundholz mit einem Durchmesser von 4,5 cm.

Vom Rundholz lassen wir in Längsrichtung ein Stück absägen. Das Rundholz legen wir nun mit der Schnittfläche auf die Spanplatte und zeichnen dann seinen Umriß mit Bleistift nach. Die umrissene Fläche auf der Spanplatte und die Schnittfläche des Rundholzes streichen wir mit einem Kontaktkleber ein und pressen, nachdem wir den Kleber gemäß der Gebrauchsanleitung haben antrocknen lassen, beide Teile kräftig aufeinander. Sind beide Teile gut verleimt, dann bohren wir in die Mitte des Rundholzes senkrecht bis zur Spanplatte ein Loch mit einem Durchmesser von 2 mm. Zum Schluß stecken wir noch eine Stricknadel mit einem Durchmesser von 2 mm in das Loch und fertig ist unser Modelliersockel **Foto 1.**

Bevor wir den Modelliersockel benützen, legen wir über das Rundholz noch ein Stück Plastik-Haushaltsfolie und befestigen es mit einem Gummiring. Diese Folie verhindert, daß die Modelliermasse des Puppenkopfes sich fest mit dem Holz des Sockels verbindet. Also nicht vergessen! Es wäre schade, wenn Sie nachher feststellen müssen, daß der Puppenkopf sich nicht mehr vom Sockel abnehmen läßt. **Foto 2.**

Die Drehscheibe

Wir modellieren in Augenhöhe und müssen während unserer Arbeit den Puppenkopf in alle Richtungen drehen können, so daß wir Profil und Hinterkopf gut beurteilen und bearbeiten können. Eine Drehscheibe bietet neben der richtigen Arbeitshöhe auch ein bequemes Drehen und ist somit für die Puppenmacherin der ideale Untersatz. Steht uns keine Drehscheibe zur Verfügung, so müssen wir uns anderweitig behelfen. Ein Fußbänkchen würde uns zum Beispiel auch die richtige Arbeitshöhe verschaffen, nur zum Drehen werden wir den Modelliersockel immer wieder verstellen müssen. **Foto 3.**

Die Modelliermasse

Zum Modellieren verwenden wir eine selbsthärtende Modelliermasse. Die modellierten Teile brauchen dann nicht im Brennofen gebrannt zu werden, sondern härten an der Luft. Nach 7 bis 10 Tagen sind die modellierten Teile getrocknet und können dann glattgeschmirgelt werden. Die Masse soll nicht an der Sonne trocknen.

An einem bereits trockenen Teil können wir ohne Bedenken neue Masse anbringen, wenn wir das trockene Teil vorher gut angefeuchtet haben.

Von der Packung Modelliermasse verwenden wir zunächst die Hälfte. Den Rest heben wir in einem Frühstücksbeutel oder einer Plastiktüte auf, um ein Austrocknen und Härten der Masse zu verhindern.

Bevor wir mit dem Modellieren anfangen, sollten wir unseren Arbeitsplatz gründlich saubermachen, so daß kein Schmutz in die Modelliermasse geraten kann.

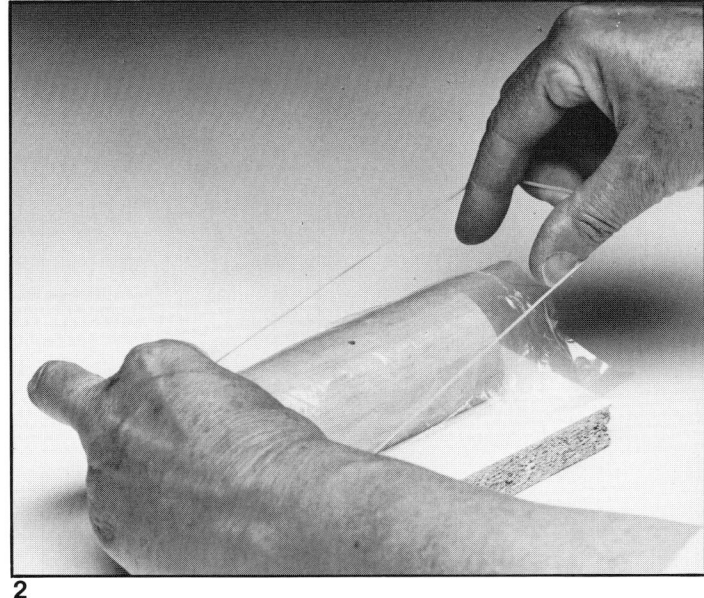

Lektion 1
Der Kopf

Folgendes haben wir griffbereit an unserem Arbeitsplatz:
1 Packung selbsthärtende Modelliermasse (DAS-Pronto)
1 Styroporkugel, Durchm. 7 cm
1 leere Klosettpapierrolle
1 Drehscheibe
1 Apfelausstecher
1 scharfes Messer
1 Schere
2 Gummiringe
1 Stück Plastik-Haushaltfolie
1 Schaschlik-Stäbchen und
1 Zahnstocher
1 Becher Wasser
1 Modelliersockel
1 Blatt Schleifpapier, 150
1 Blatt Schleifpapier, 350 oder 400

Wir fangen mit der Styroporkugel an und bohren den Apfelausstecher bis zur Kugelmitte in das Styropor. Danach säubern wir die Aushöhlung von Styroporresten und stecken unseren Daumen hinein. **Figur 1.** Mit dem scharfen Messer schneiden wir links und rechts von der Aushöhlung senkrecht ein Stück Styropor ab **Figur 2.** Für den Hinterkopf schneiden wir, leicht gebogen, ebenfalls ein Stück von der Kugel ab **Figur 3.** Von der noch verbleibenden Kugelform schneiden wir schließlich auch vorne noch ein Stück senkrecht ab, lassen aber einen Teil der ursprünglichen Form neben der Aushöhlung stehen; dies wird später das Kinn. **Figur 4.** Zum Schluß entfernen wir mit dem Messer alle Ecken und Kanten und schleifen mit dem Schleifpapier Nr. 150 das Ganze oval und glatt. **Figur 5.**

Zeichnungen im Maßstab 1 : 1

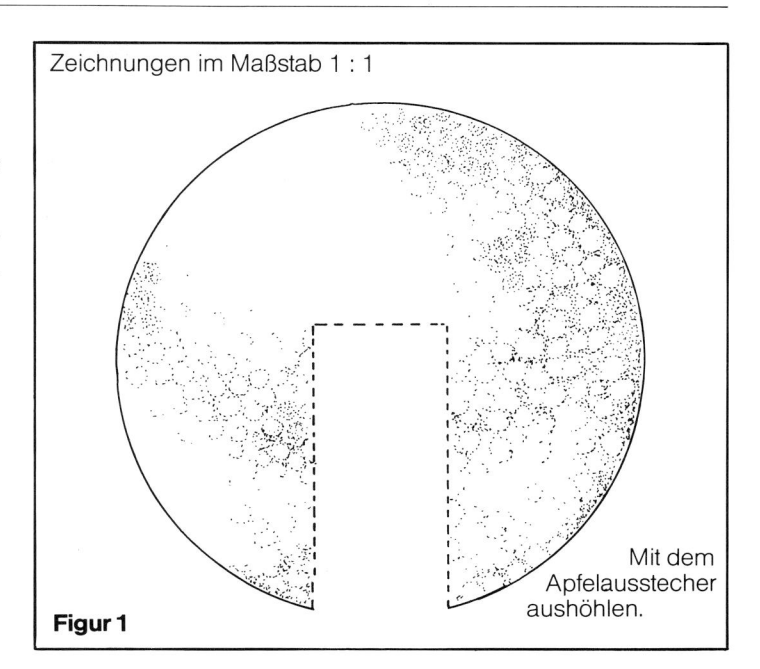

Figur 1 Mit dem Apfelausstecher aushöhlen.

Figur 2 Die Kugel von vorn. An beiden Seiten ein Stück abschneiden (die Wangen).

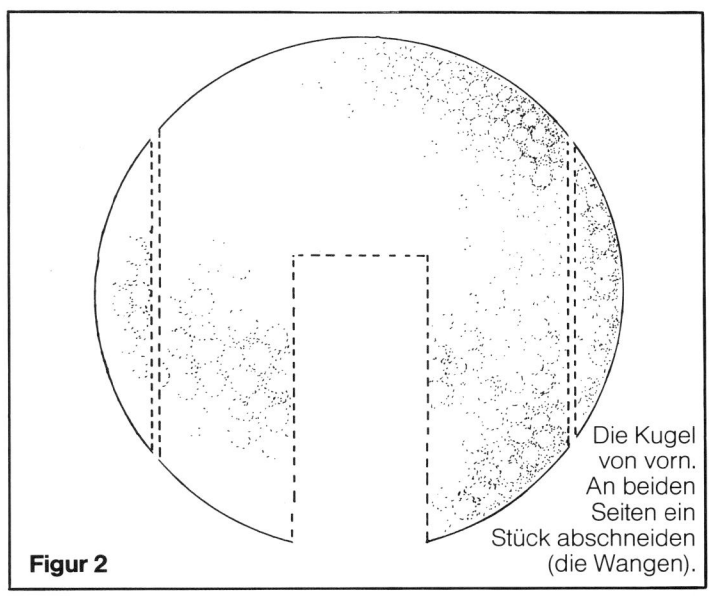

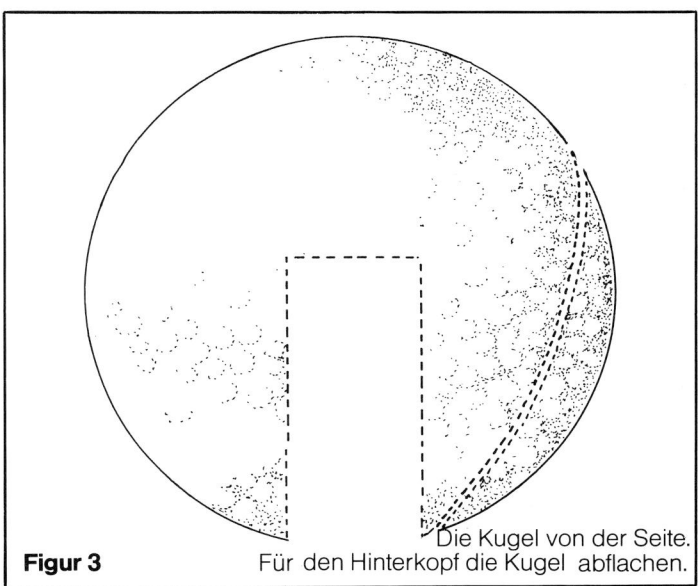

Figur 3 Die Kugel von der Seite. Für den Hinterkopf die Kugel abflachen.

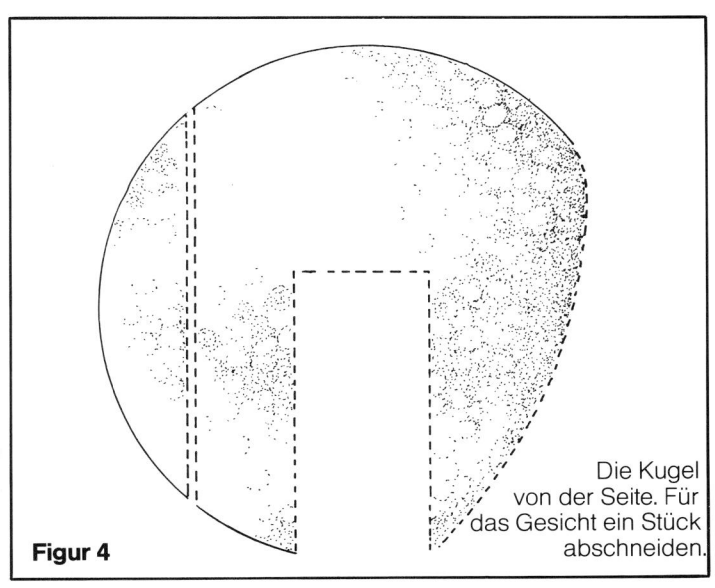

Figur 4 Die Kugel von der Seite. Für das Gesicht ein Stück abschneiden.

Figur 5 Vorne — Hinten. Die Kugel von der Seite. An der Unterseite schneiden wir hinten noch etwas Styropor ab.

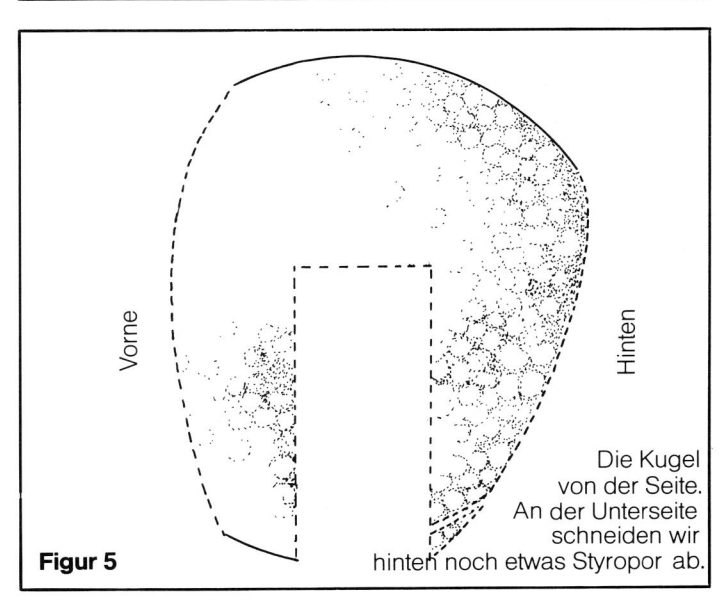

Lektion 1
Der Kopf

Wir nehmen die leere Klosettpapierrolle und schneiden sie mit der Schere in Längsrichtung auf. Danach schneiden wir die Pappe in Abständen von 0,5 cm jeweils 3 cm tief ein und biegen die Fransen nach außen. Wir rollen jetzt die Pappe eng auf und bringen direkt über den Fransen einen Gummiring an. Der Gummiring verhindert, daß die Pappe wieder aufspringt. **Fotos 4 und 5.**

Die Papprolle stecken wir mit den Fransen nach außen in die Aushöhlung der Styroporkugel. Dann nehmen wir die Stricknadel, stechen sie von oben in die Styroporkugel und führen sie durch die Papprolle wieder heraus. **Foto 6.**

Die Stricknadel stecken wir nun noch durch die Plastikfolie in das Loch im Modelliersockel und stellen das Ganze auf die Drehscheibe. **Foto 7.**

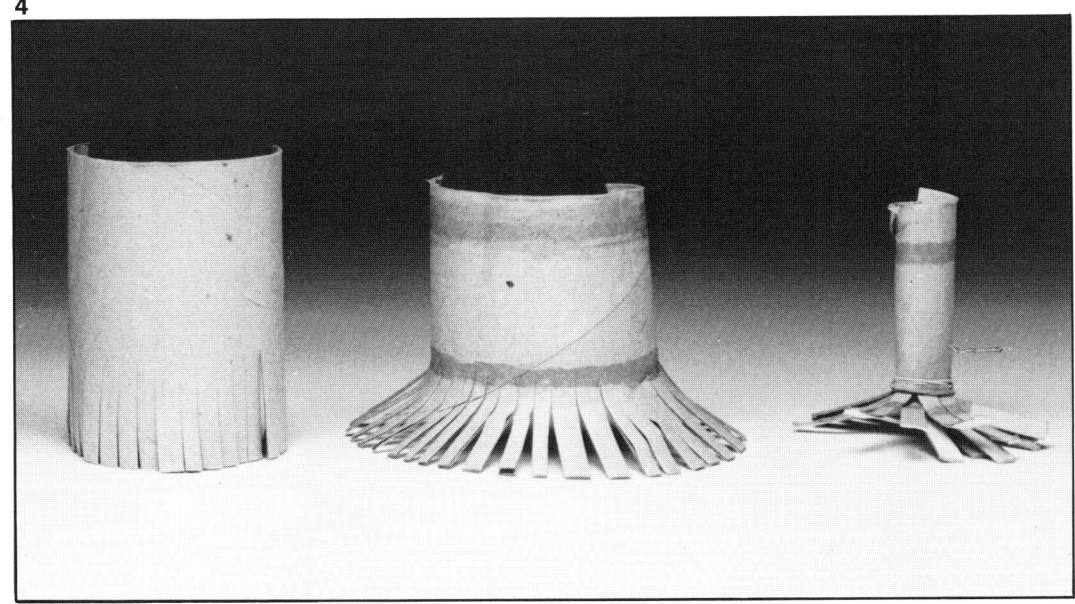

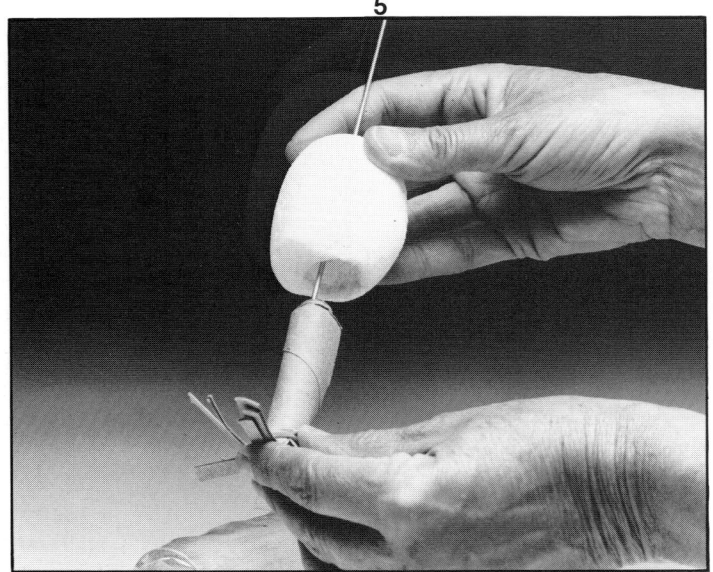

Lektion 1
Das Modellieren

Jetzt ist es soweit, daß wir mit dem Modellieren anfangen können. Die Styroporkugel wird zuerst angefeuchtet und dann von oben nach unten mit kleinen, flachen Stückchen Modelliermasse bedeckt, bis eine Schicht Modelliermasse von etwa 3 mm entstanden ist. Jedes Stückchen Masse, das wir anbringen, streichen wir mit nassen Fingern glatt und verbinden es gleichzeitig mit den bereits angebrachten Stückchen. Haben wir auf diese Weise das ganze Styropor bedeckt, drücken wir, während wir den Kopf drehen, mit beiden Händen gleichmäßig gegen die Masse und erhalten so eine besonders glatte Oberfläche. **Foto 8.**

Wir fertigen nun 5 oder 6 Röllchen aus der Masse an und legen diese, beginnend an der Unterseite der Kugel, wie einen Kragen um die Papprolle herum. Ist das Röllchen Masse zu lang, dann brechen wir einfach den überstehenden Teil ab. **Foto 9.**

Wir arbeiten auf diese Weise weiter bis zur Mitte des Rundholzes, auf keinen Fall bis auf die Spanplatte. Die Röllchen werden nun mit einem nassen Spatel oder mit den nassen Fingernägeln von oben nach unten und zurück schön geglättet.

Achten Sie darauf, daß der Hals nicht zu dünn wird. Der Hals ist von vorn betrachtet nur geringfügig schmaler als der Kopf. Ist der Hals zu dünn geraten, dann bringen wir noch ein oder mehrere Röllchen Masse an.

Der Brustteil sollte mindestens 3 mm dick sein, auf keinen Fall dünner. Dieser Teil bekommt später die höchste Belastung und wäre dann zu zerbrechlich. **Foto 10.**

Nachdem der Kopf und der Hals mit Modelliermasse bedeckt sind, fangen wir mit dem eigentlichen Modellieren an. Zuerst betonen wir den Kiefer und das Kinn. Dazu bringen wir ein Röllchen Masse an der richtigen Stelle an und streichen es mit nassen Fingern glatt. **Foto 11.**

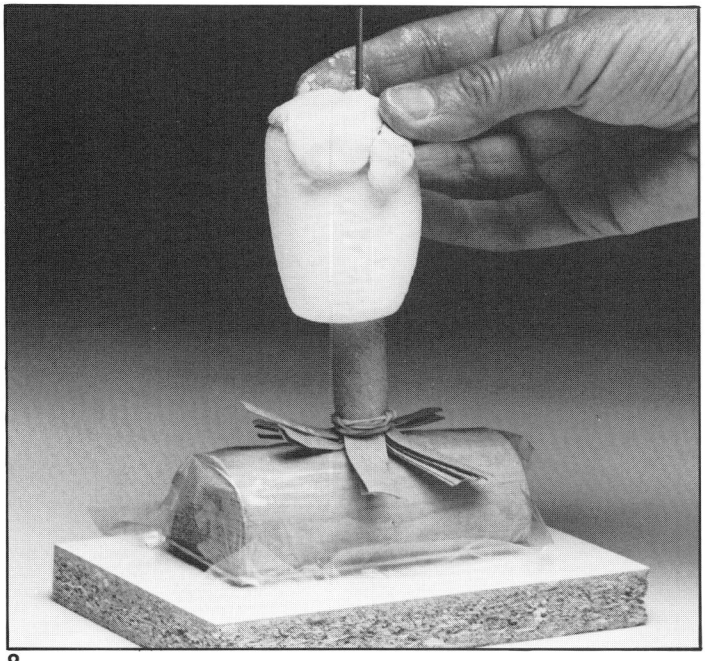

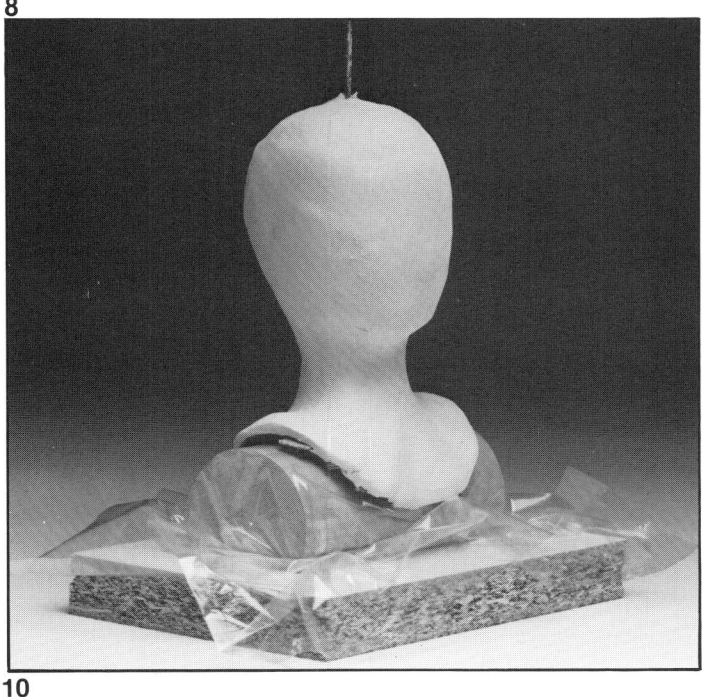

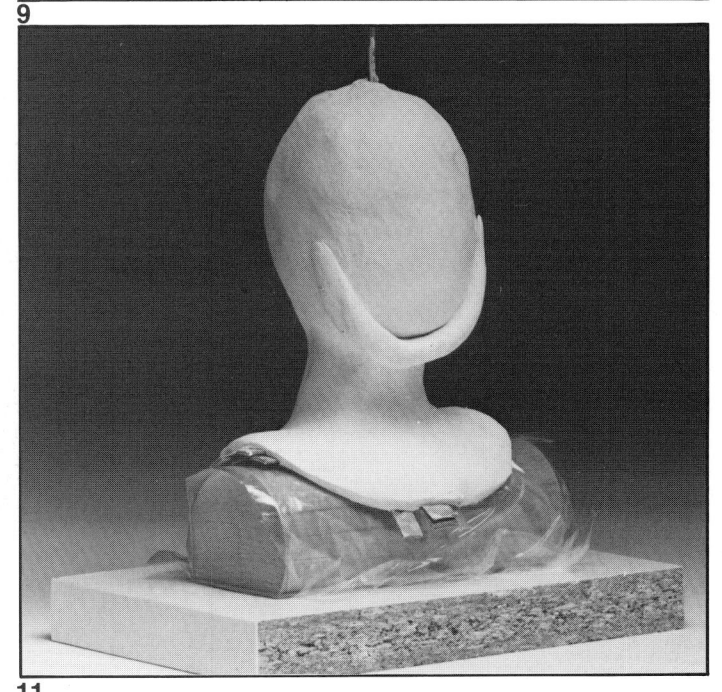

Lektion 1
Das Modellieren

Um den Platz für die Augen, die Nase und den Mund besser bestimmen zu können, ziehen wir mit dem Messer Hilfslinien über das Gesicht. Die erste Hilfslinie teilt das Gesicht von oben nach unten in zwei Hälften. Weitere drei Hilfslinien zeichnen wir quer über das Gesicht und teilen damit das Gesicht von Haaransatz bis Kinn in drei gleiche Teile **Figur 6.**
Aus der Modelliermasse formen wir ein Kegelchen und flachen es an der Spitze ab. Die Unterseite des Kegelchens wird später die Unterseite der Nase. Wir kleben nun das Kegelchen in die Mitte des Gesichts, streichen die Masse mit beiden Daumen nach links und rechts und nach oben aus und glätten die Unterseite der Nase mit einem nassen Messer oder Spatel, bis keine Rillen mehr zu sehen sind.
Fotos 12 und 13.

Für die Oberlippe bringen wir unterhalb der Nase waagerecht ein Röllchen Masse an.
Foto 14.

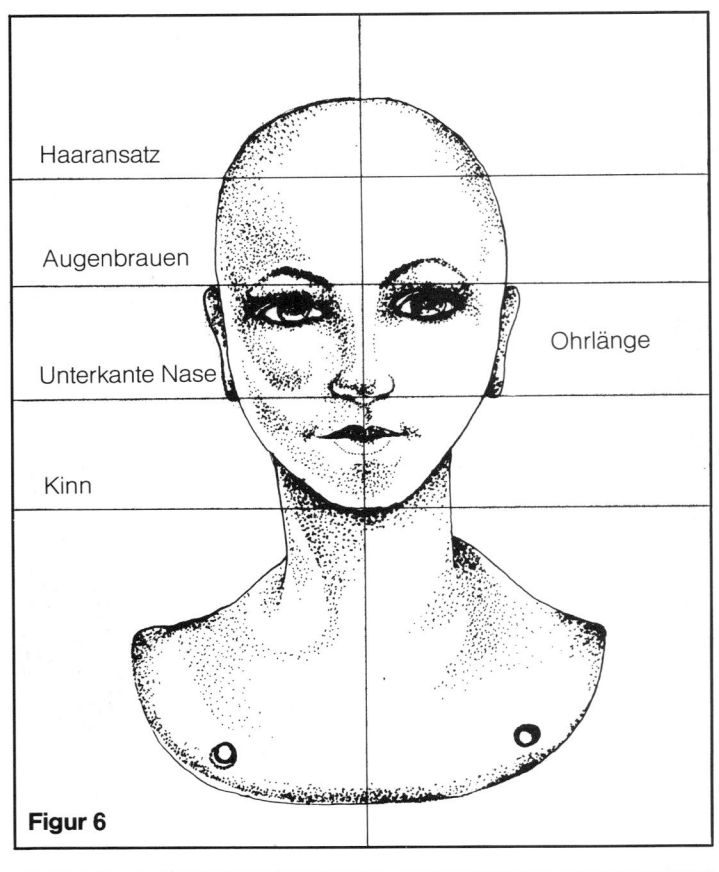

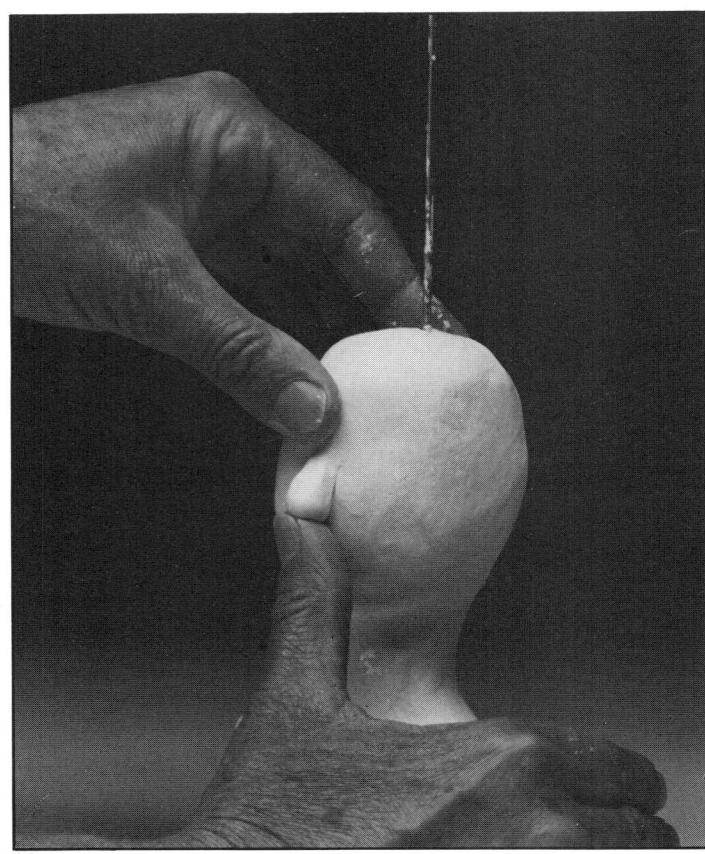

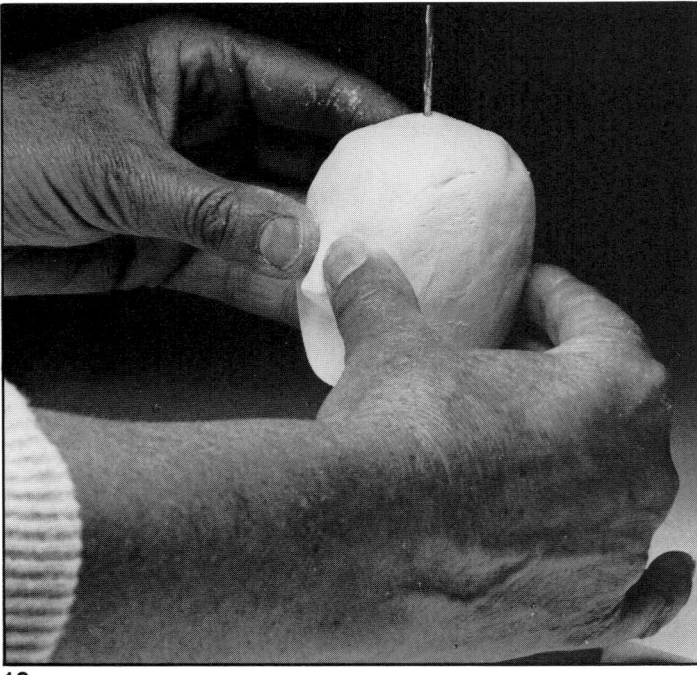

Figur 6

- Haaransatz
- Augenbrauen
- Unterkante Nase
- Ohrlänge
- Kinn

12

13

14

Lektion 1
Das Modellieren

Dieses Röllchen glätten wir wieder mit nassen Fingern. **Foto 15.**

Für die Unterlippe kleben wir darunter noch ein Röllchen Masse und streichen es nach links und rechts und nach unten aus. **Foto 16.**

Wir haben jetzt Nase und Mund fertig. Betrachten wir nun den Kopf von der Seite, dann werden wir feststellen, daß das Kinn etwas stärker ausgeprägt sein sollte. Wir bringen deshalb hier ein Kügelchen Masse an und streichen es aus. **Foto 17.**

Für die Wangen kleben wir links und rechts von der Nase ein mandelförmiges Stückchen Masse an und streichen es vorsichtig aus. **Foto 18.**

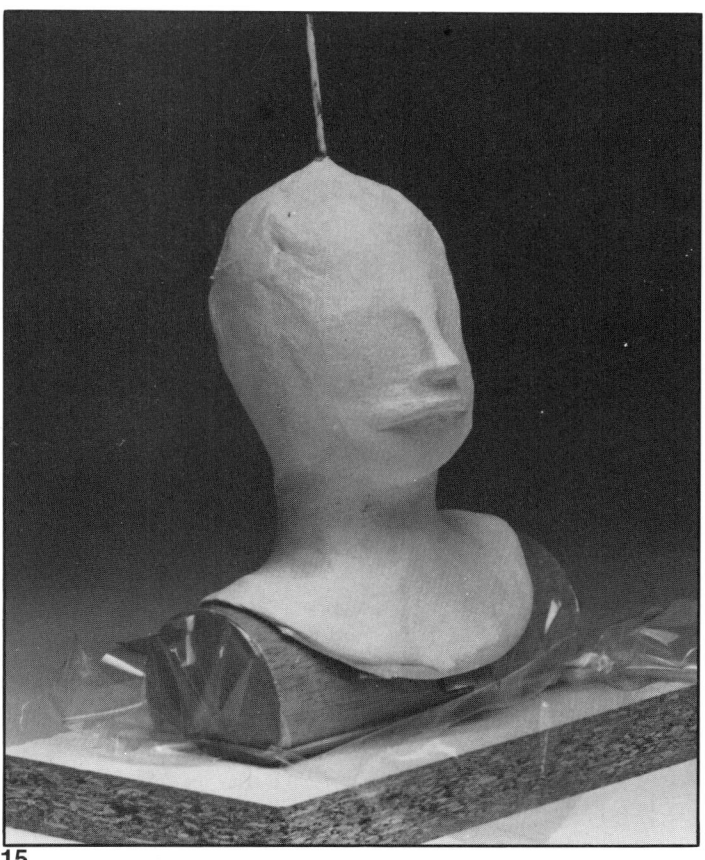

15

16

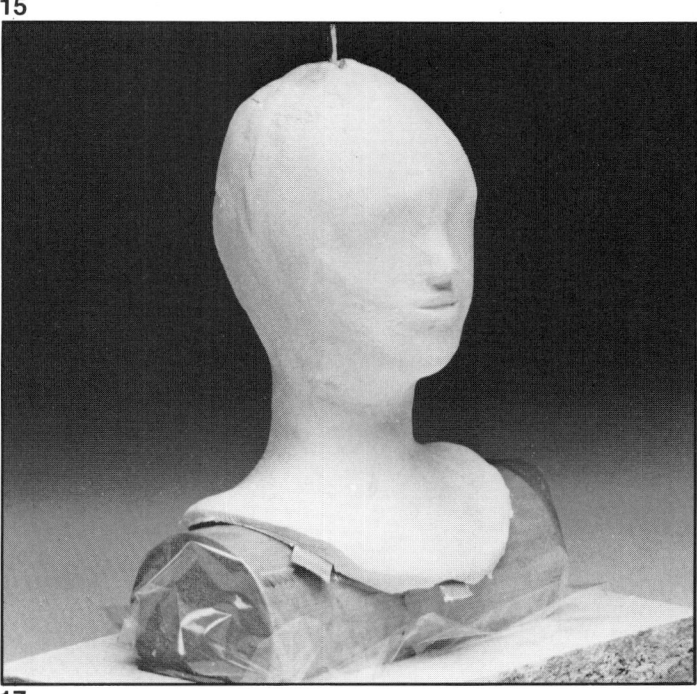

17

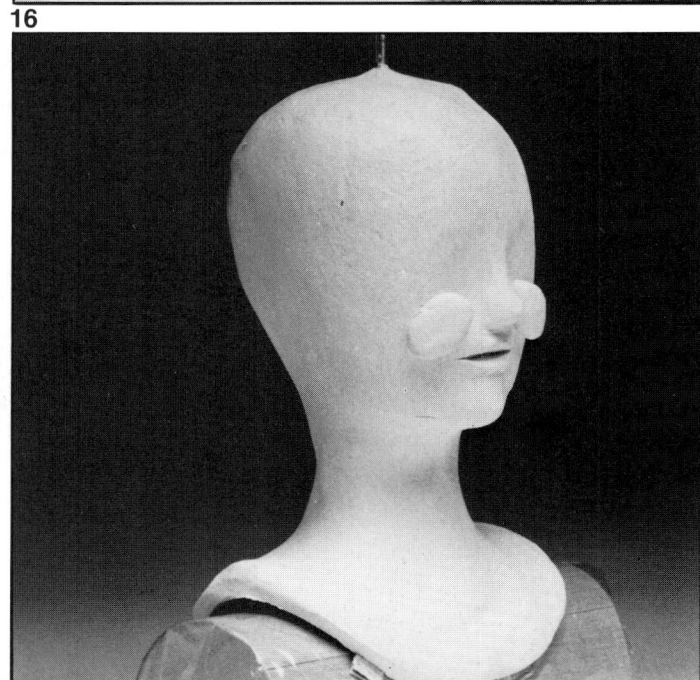

18

Lektion 1
Das Modellieren

Wir betrachten den Kopf wieder von der Seite, um festzustellen, ob wir auf der Stirn direkt über den Augen noch ein Röllchen Masse anbringen und ausstreichen müssen.

Auch schauen wir, ob der Hinterkopf schön geformt ist. Falls nötig, bringen wir auch hier noch Masse an. Die Nase können wir noch feiner gestalten, indem wir jeweils ein kleines Kügelchen Masse an der Stelle ankleben, wo der Nasenflügel hinkommen soll. Wir brauchen jedoch Geduld, um die Kügelchen zu befestigen und zu glätten.

Wir können aber auch mit dem Zahnstocher oder Schaschlikstäbchen zwei Nasenlöcher hineinstechen und dann das Hölzchen ein wenig nach außen drücken, so daß auf diese Weise ein Nasenflügel entsteht. **Foto 19.**

Für die Ohren formen wir zwei mandelförmige Stückchen Masse, fassen jeweils eines zwischen Daumen und Zeigefinger und drücken es dünn aus, so daß an einer Seite der Außenrand der Ohrmuschel entsteht.

Bevor wir die Ohren anbringen, bestimmen wir zuerst ihren Platz. Der obere Rand des Ohres befindet sich in gleicher Höhe mit der Unterkante der Augenbrauen, und der untere Rand des Ohres in gleicher Höhe mit der Unterkante der Nase. Von der Seite gesehen befindet sich das Ohr ein wenig hinter der Kopfmitte.

Haben wir den Platz bestimmt, dann kleben wir das Ohr durch Anfeuchten dieser Stelle einfach an. **Foto 20.**

Wenn wir so weit sind, ist es Zeit unsere Arbeit noch einmal zu überprüfen, um zu sehen, ob auch alles seinen richtigen Platz hat. Wir gehen dabei folgendermaßen vor: Im Stehen halten wir den Hinterkopf der Puppe an den Bauch und schauen von oben auf den Puppenkopf herunter. Aus diesem Blickwinkel zeigt sich, ob Nase, Mund und Kinn sich in einer Linie befinden und ob die Wangen in gleicher Höhe angebracht und gleichmäßig geformt sind.

An dieser Stelle möchte ich Ihnen noch einen Rat geben: Schauen Sie sich um und studieren Sie die Köpfe Ihrer Mitmenschen, sammeln Sie Fotos, wobei die Gesichter mal von vorn, mal von der Seite zu sehen sind. Sie lernen dadurch Ihre Arbeit besser zu beurteilen.

Mit dem Schaschlikstäbchen machen wir in Brust- und Rückenteil jeweils links und rechts ein Loch. Diese vier Löcher dienen später zur Befestigung auf dem Stoffkörper.

Nachdem wir mit dem Modellieren fertig sind, dürfen wir nicht vergessen, die Stricknadel ein paarmal hin und her zu bewegen, während wir den Puppenkopf mit der anderen Hand festhalten. Machen wir dies nicht, verbinden sich Masse und Stricknadel und wir bekommen später die Stricknadel nicht mehr heraus.

Jetzt lassen wir den Puppenkopf eine Woche lang an der Luft trocknen; danach können wir mit dem Schmirgeln anfangen. **Foto 21.**
Erst wenn wir den Kopf vom Modelliersockel abgenommen und die Stricknadel herausgezogen haben, dichten wir das Stricknadelloch mit Masse ab.

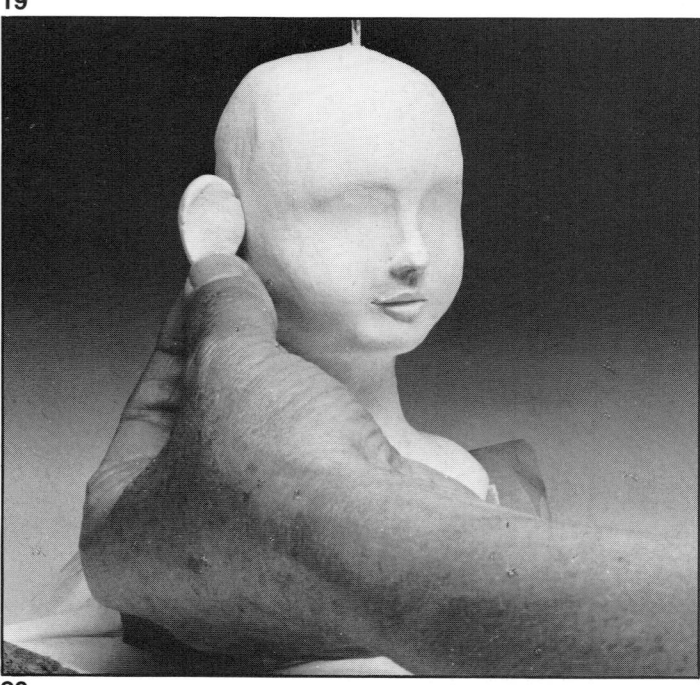

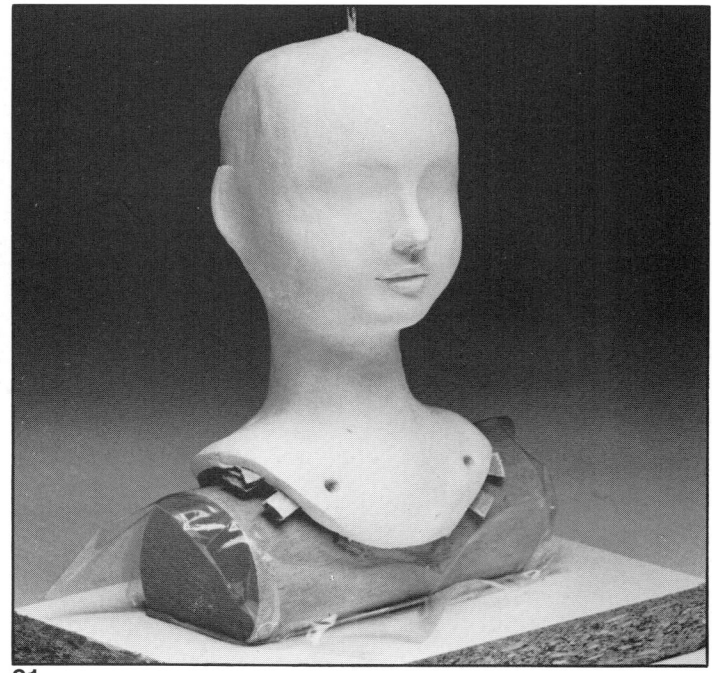

Lektion 1
Das Modellieren

Hütchen aus Modelliermasse.

Wir rollen mit dem Teigroller eine etwa 2 mm dicke Schicht Masse aus. Aus dieser Schicht Masse wollen wir einen Hutrand formen; dazu schneiden wir zuerst einen Kreis aus, dessen Umfang der gewünschten Hutrandgröße entspricht. Aus dieser Kreisfläche schneiden wir nochmals einen Kreis aus, diesmal so groß wie der Puppenkopf. Den Hutrand drapieren wir um den Puppenkopf und streichen den Innenrand mit einem Messer oder den Fingern nach oben hin an den Kopf fest.

Der Teil des Kopfes, der durch den Hutrand hinausragt, ist zum Hutkopf geworden. Den Hut schmücken wir mit Röschen und Schleifen, die wir aus Modelliermasse formen.

Bevor wir neue Masse an einem bereits trockenen Teil anbringen, feuchten wir den trockenen Teil erst gut an, damit sich die Teile gut verbinden. **Foto 22.**

Haare aus Modelliermasse.

Anstatt unserer Puppe eine Perücke zu geben, können wir auch Haare aus Masse formen. Dazu lassen wir zuerst den Puppenkopf ein paar Tage gut trocknen, machen dann die obere Kopffläche naß und bringen die Haare aus Masse an.
Die schönsten Frisuren bekommen wir, wenn wir etwas Masse durch eine Knoblauchpresse drücken. Jede Haarlocke, die wir auf diese Weise herstellen, nehmen wir vorsichtig mit nassen Fingern auf, legen sie auf den Kopf und drücken sie am oberen Ende an den Kopf. Am Kopf arbeiten wir von unten nach oben und schichten die nächste Reihe Haarlocken über die bereits angebrachte Reihe, so wie es auch beim Verlegen von Dachziegeln gemacht wird. **Foto 22.**

Probeplatte.

Aus Masse machen wir nun noch eine 0,5 cm dicke Platte, etwa 10 cm im Quadrat. Diese Platte lassen wir trocknen und schmirgeln sie dann genau so wie den Kopf. Die Probeplatte benötigen wir später in Lektion 3, um Farben und Lack auszuprobieren.

Unterbrechen der Modellierarbeit.

Haben wir keine Zeit mehr oder fehlt uns einfach die Lust weiter zu arbeiten, dann unterbrechen wir das Modellieren. Dazu legen wir neben den Puppenkopf auf die Drehscheibe ein nasses Papiertaschentuch, stülpen eine dünne Plastiktüte über das Ganze und binden die Tüte um die Achse der Drehscheibe zu, so daß keine Luft mehr hineinkommt. Wir können nun das Modellieren eine Woche, sogar einen Monat lang, unterbrechen, denn durch das nasse Taschentuch bleibt die Luft in der Tüte feucht und die Modelliermasse weich. **Foto 23.**

Lektion 2
Die Beine

Für die Beine benötigen wir:
selbsthärtende Modelliermasse
2 leere Klosettpapierrollen
Schere
dünnes Tesakrepp
Messer

Die beiden leeren Klosettpapierrollen schneiden wir in Längsrichtung auf, biegen sie auseinander und streichen sie glatt. Auf die Pappe legen wir das Schnittmuster für die Beine und schneiden es aus der Pappe heraus. **Figuren 7 und 8.**

Wir rollen die Pappe zu einer Art Trichter zusammen. Dabei fangen wir bei der schmalen Seite an und lassen beide Enden 1 cm übereinander schließen. Mit Klebeband befestigen wir die Papprolle in dieser Form und schneiden den oberen Rand schön gerade. **Fotos 24, 25 und 26.**

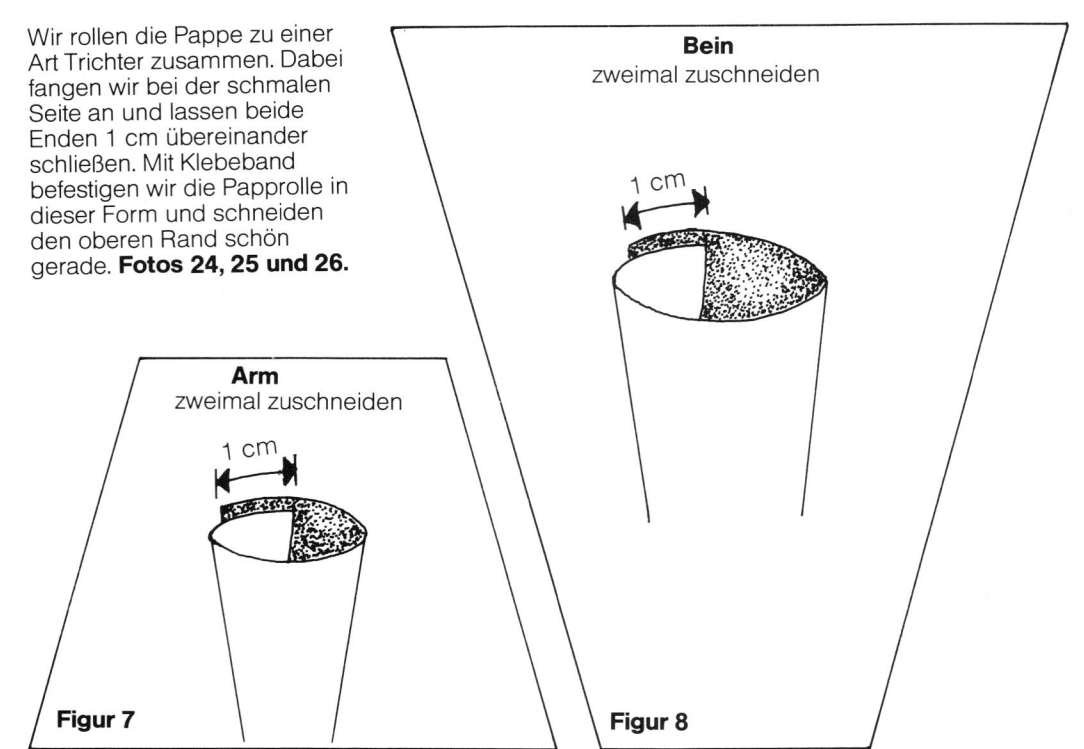

Arm
zweimal zuschneiden
1 cm

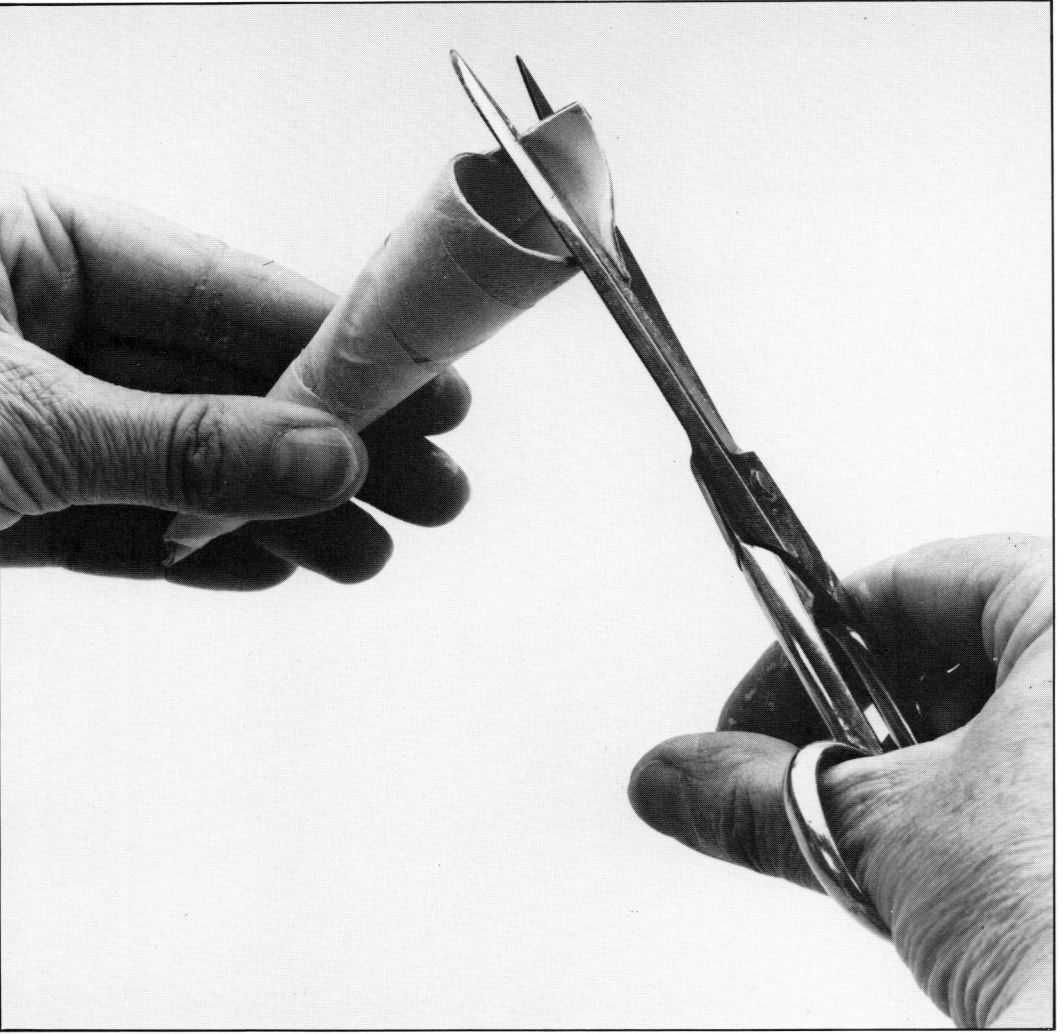

Figur 7

Bein
zweimal zuschneiden
1 cm

Figur 8

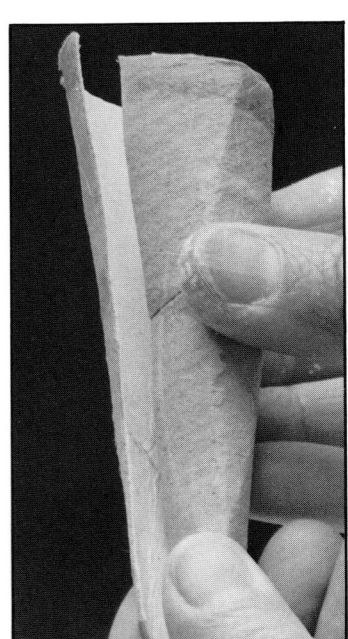

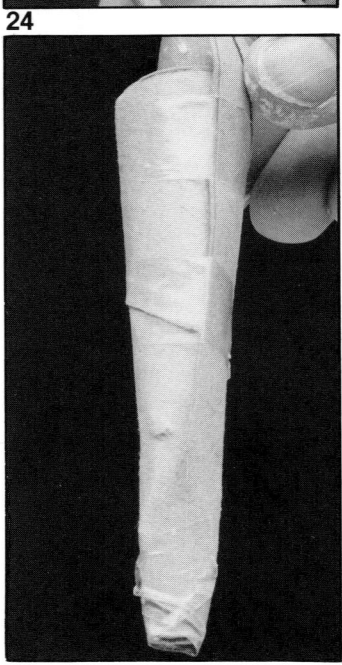

Lektion 2
Die Beine

Wir feuchten die Papprolle an und tragen, wobei wir von oben nach unten arbeiten, stückchenweise Modelliermasse auf. Jedes Stückchen Masse wieder gut glattstreichen. Haben wir die ganze Papprolle mit Masse bedeckt, dann nehmen wir sie zwischen beide Hände und rollen sie ein paarmal hin und her.

Statt die Papprolle nach und nach mit kleinen Stückchen Masse zu bedecken, können wir dies auch auf einmal tun.

Dazu rollen wir etwas Modelliermasse mit dem Teigroller zu einer 2 mm dicken Schicht aus, legen hierauf das Schnittmuster für die Beine und schneiden es aus der Masse heraus. **Foto 27.**

Wir nehmen dann die Papprolle, legen sie auf die ausgeschnittene Masse und wickeln die Masse um sie herum. Während des Wickelns drücken wir die Masse gegen die Pappe und streichen sie glatt. Das Wichtigste dabei ist, daß keine Luftblasen zwischen Pappe und Masse zurückbleiben. **Foto 28.**

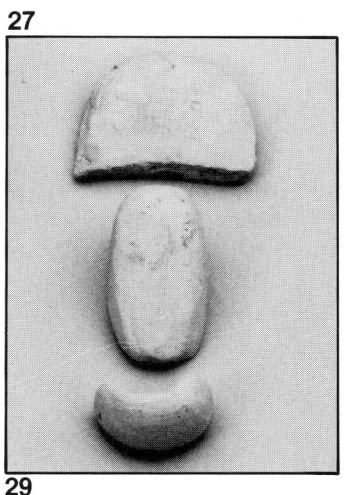

Aus Modelliermasse formen wir ein 5 cm langes und 2 cm breites Oval mit einer Dicke von etwa 1 cm, am Rand etwas dünner. Aus diesem ovalem Stück Masse modellieren wir den Schuh. **Foto 29.**

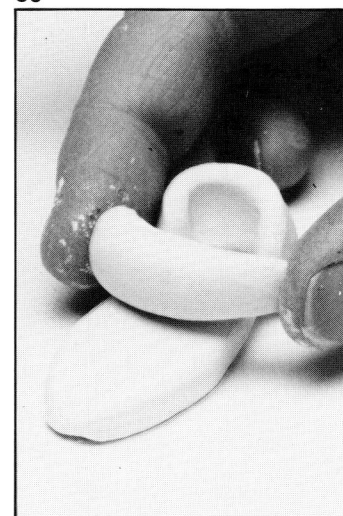

Aus der Masse modellieren wir eine Art Ferse, die wir hinten und seitlich an dem ovalen Stück anbringen und ausstreichen. **Foto 30.**

Eine kleine Rolle Modelliermasse bildet den Spann. Wir biegen sie halbrund und legen sie in der Mitte über den Schuh. **Foto 31.**

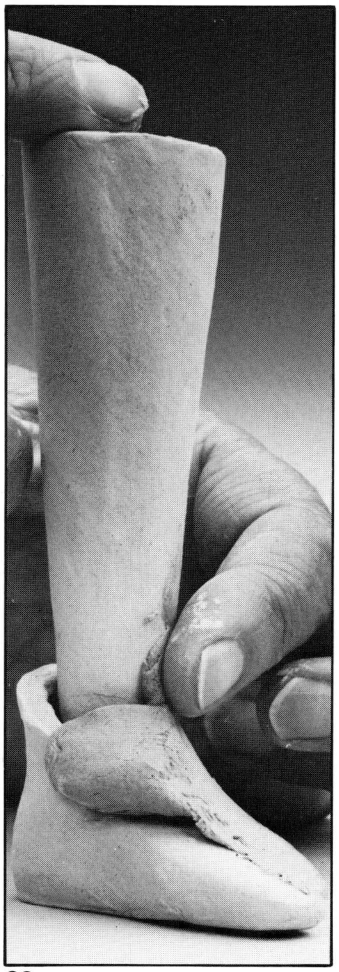

Wenn wir einen Schuh mit einem hohen Absatz modellieren wollen, machen wir das ovale Stück Masse an einer Seite statt 1 cm, 2 cm dick. Aus dieser dicken Seite schneiden wir später den Absatz.

Das untere, dünnere Ende des Beins stecken wir in die entstandene Öffnung des Schuhes, drücken ihn jedoch nicht in die Masse der Sohle, denn dann können wir später den Absatz nicht mehr ausschneiden. **Foto 32.**

Lektion 2
Die Beine

Wir streichen nun die Masse des Spanns nach oben zum Bein und nach unten zum Fuß hin aus. Ist der Spann jetzt nicht mehr hoch genug, geben wir noch etwas Modelliermasse hinzu.

Sind wir soweit fertig, legen wir beide Schuhe mit den Sohlen gegeneinander, schneiden die Schuhe auf gleiche Länge und markieren die Absätze. **Figur 9.**

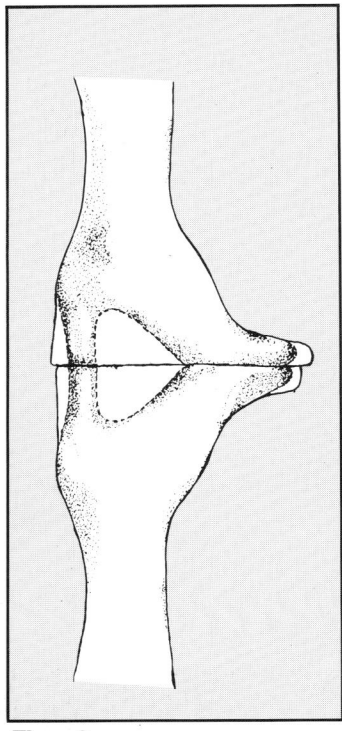

Figur 9

Wir setzen unsere Modellierarbeit fort mit dem Ausschneiden der Absätze. Stoßen wir beim Ausschneiden trotzdem auf die Pappe, so drücken wir sie mit der Messerspitze nach innen und füllen das Loch mit Modelliermasse. Wir können uns aber auch noch für flache Absätze entscheiden und somit dieses Problem umgehen.

Als nächstes modellieren wir die Form der Schuhe und achten darauf, daß wir einen linken und einen rechten Schuh brauchen. Die Innenseite schneiden wir fast geradlinig und die Außenseite mehr rundlich.

Obwohl der Absatz noch recht klobig ist, lassen wir die Beine zunächst eine Woche trocknen bevor wir weiterarbeiten.

Wenn die Beine trocken sind, schneiden wir die Absätze in die gewünschte Form. Auch die Form der Schuhe können wir noch feiner gestalten.

Um Ferse und Wade zu modellieren machen wir das Bein zuerst wieder naß. An die Stelle der Ferse kleben wir ein Kügelchen Masse und streichen es rundum glatt aus. Für die Wade und eventuell den Spann werden wir auch noch Modelliermasse hinzufügen und ausstreichen müssen. **Foto 33.**

Jetzt lassen wir die Beine wieder einige Tage trocknen; danach können wir mit dem Schmirgeln anfangen. Möchten wir jedoch einen modellierten Schuh, Stiefel oder Strumpf, dann rollen wir etwas Modelliermasse zu einer 8 cm langen, ganz dünnen Rolle aus und legen sie um den Fuß herum. Mit dem Messer verstreichen wir die Unterseite des Röllchens mit dem Fuß.
An der Oberseite bleibt ein kleiner Rand sichtbar, als ob der Fuß wirklich im Schuh steckt. **Foto 34.**

Die Schuhe können wir noch mit Schnürsenkeln, aber auch mit Knöpfchen oder Schleifen aus Modelliermasse schmücken. Diesen Schmuck drücken wir mit nassen Fingern auf den Schuh.

Zuviel Schmuck ist nicht zu empfehlen, denn die Schmuckteilchen sind sehr zerbrechlich und verlangen daher auch beim Schleifen äußerste Vorsicht.

Anstatt die Schuhe wie beschrieben zu modellieren, können wir sie auch mit Plakafarbe andeuten. Mehr dazu in Lektion 4.

Noch etwas zum Arbeitsablauf: Sie können, bevor Sie Hände und Füße anbringen, die mit Modelliermasse bedeckten Papprollen auch zuerst trocknen lassen. Wählen Sie die Arbeitsweise, die Ihnen am besten gefällt.

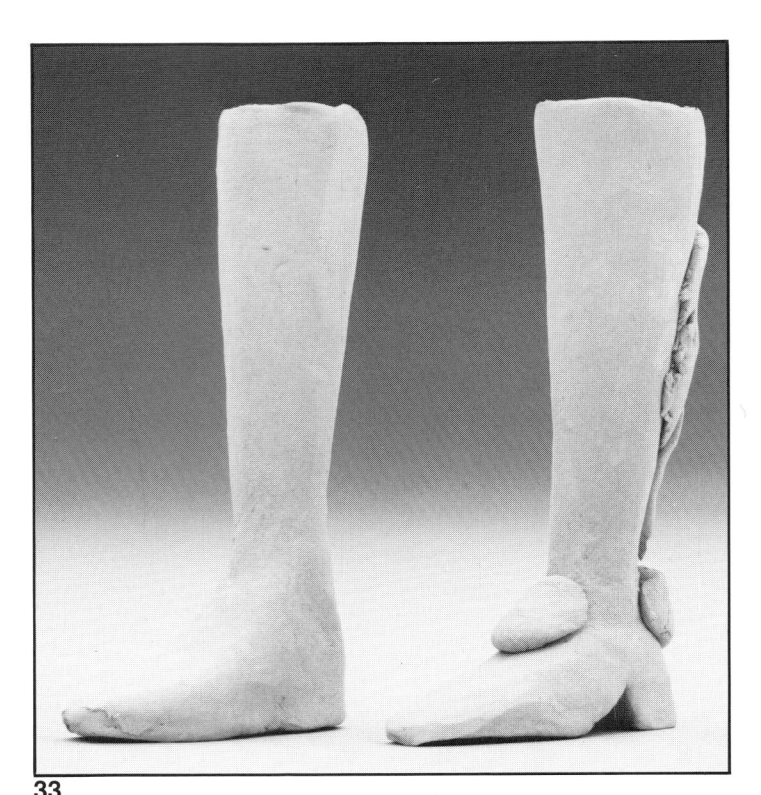

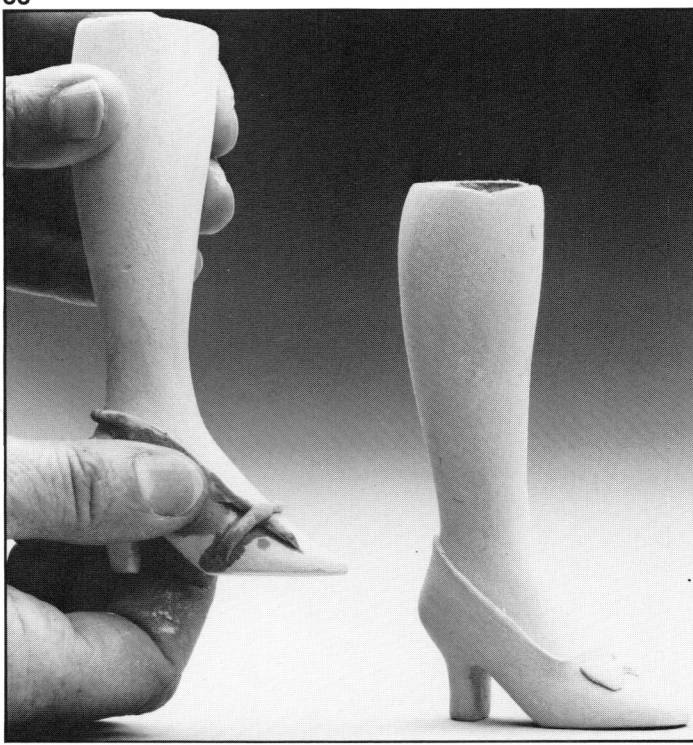

Lektion 2
Die Arme

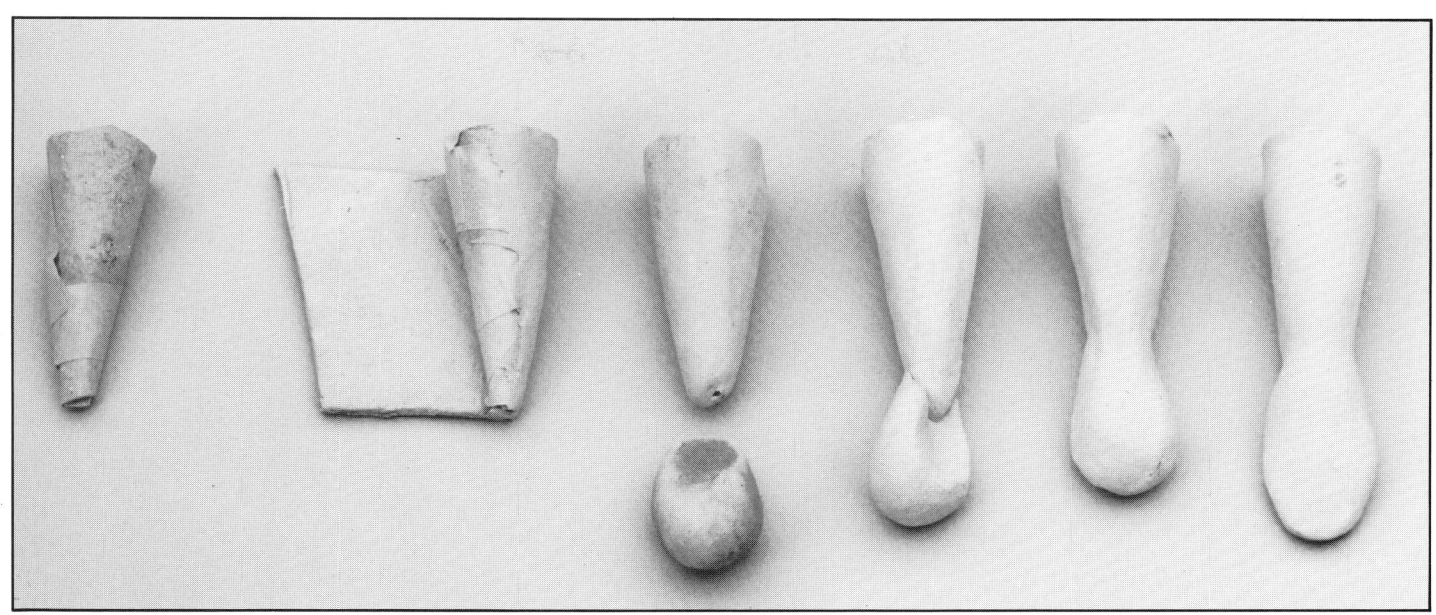

35

Für die Arme benötigen wir: das gleiche Material wie für die Beine.

Die zwei leeren Klosettpapierrollen schneiden wir wieder in Längsrichtung auf und arbeiten wie bei den Beinen beschrieben weiter.

Die Pappe für den Arm rollen wir gut zugespitzt auf, denn das Handgelenk ist schmaler als das Fußgelenk. Die Papprolle bedecken wir wieder mit Modelliermasse, so wie wir das bei den Beinen gemacht haben. **Foto 35.**

Sind wir soweit fertig, dann nehmen wir etwas Modelliermasse und formen es zur Hälfte um die Spitze unseres Zeigefingers. Dieses halbhohle Stückchen Masse, etwa 4 cm lang und 0,5 cm dick, wird die Hand.

Wir nehmen dieses Stückchen Masse, kleben es an das spitze Ende des Arms und streichen die Masse an der Ober- und Unterseite gut aus. **Foto 36.**

Mit dem Messer trennen wir die Masse in Daumen und Finger und wiederholen dies in den Handinnenfläche, so daß die Trennung von beiden Seiten deutlich sichtbar ist. **Foto 37.**

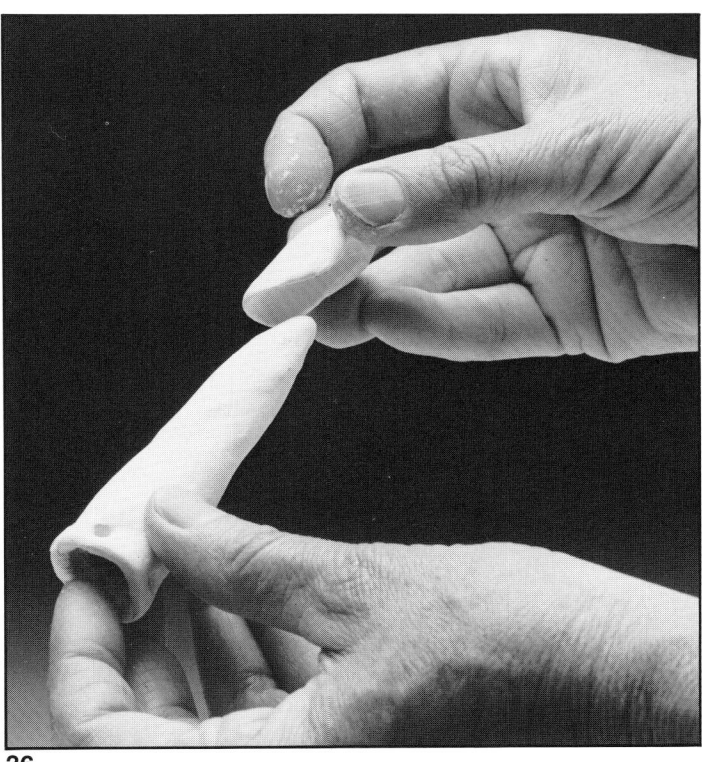

36

37

Lektion 2
Die Arme

Gleich nach dem Durchtrennen bestimmen wir die Länge des Daumens und die der Finger. Dazu betrachten wir unsere eigene Hand und schneiden nach diesem Vorbild unsere Puppenhand zurecht. **Foto 38.**

Die Finger der Puppenhand lassen wir aneinander haften, damit die Hand später nicht zu zerbrechlich wird.

Wir brauchen uns an diesen Vorschlag nicht unbedingt zu halten und können die Finger vorsichtig in jede beliebige Stellung biegen.

Mit dem Daumen drücken wir in die Innenhand eine Mulde. Die Mulde werden wir später noch etwas feiner gestalten, so daß eine richtige Handfläche entsteht.

Wir lassen den Arme eine Woche trocknen. Ist der Arm trocken, dann schleifen wir die Finger rund und glatt. An die Handfläche fügen wir zum Gestalten des Handballens etwas Modelliermasse hinzu; selbstverständlich zuerst die Hand wieder anfeuchten. Auch den Fingeransatz können wir noch etwas hervorheben.

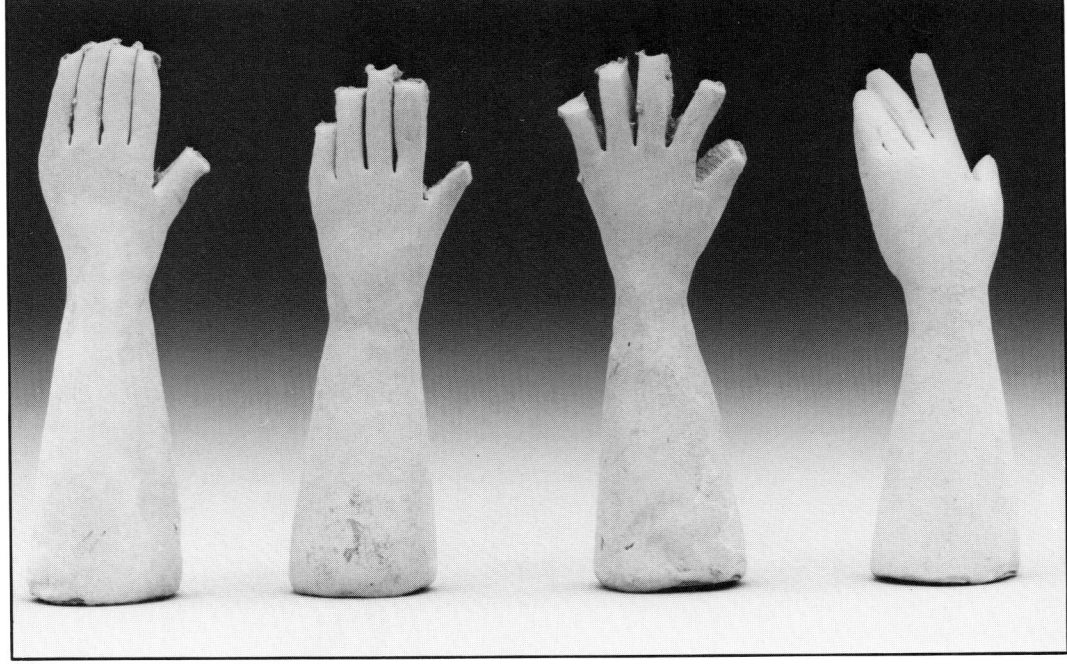

38

Anstelle einer flachen Hand können wir auch eine leicht gebogene modellieren. Dazu wickeln wir eine Rolle Modelliermasse in ein Stück Plastikfolie, um ein Festkleben zu verhindern, und biegen die Puppenhand darüber. **Foto 39.**

Das Trocknen der Arme und Beine

In ein Holzbrett von etwa 2 cm Dicke schlagen wir einige 10 cm lange Nägel ein. Da Arme und Beine hohl sind, können sie zum Trocknen einfach auf diese Nägel gesteckt werden.

Die Modelliermasse der Hände und Füße ist unmittelbar nach dem Modellieren noch weich. Stecken wir die Arme und Beine in diesem Zustand auf die Nägel, dann besteht die Gefahr, daß die Hände und Füße sich neigen.

Deshalb legen wir die Arme flach hin, stellen die Beine auf die Fußsohlen und lassen Arme und Beine zunächst einen Tag trocknen. Danach können wir sie auf die Nägel stecken und das Holzbrett samt Armen und Beinen an einen sicheren Ort zum Weitertrocknen stellen.

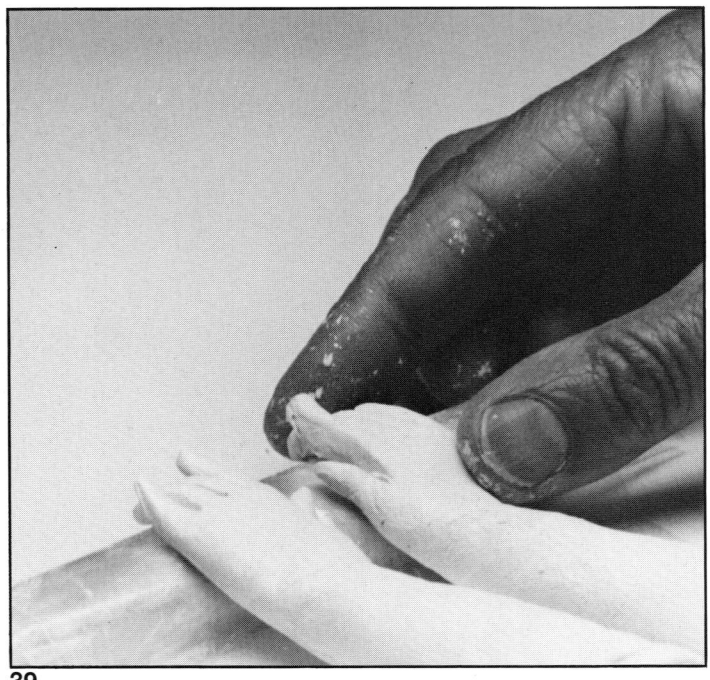

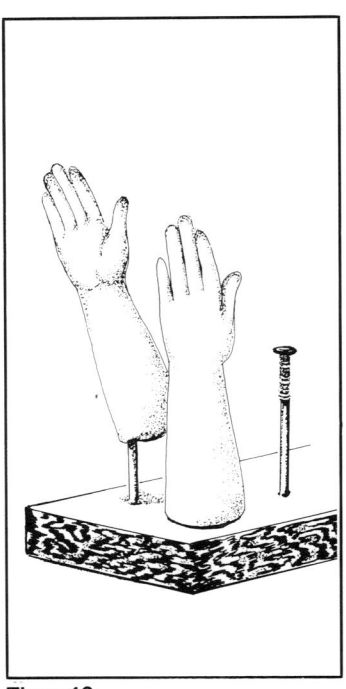

39

Figur 10

Lektion 2
Das Schleifen

Das Schleifen

Nachdem der Kopf drei Tage getrocknet ist, nehmen wir ihn vom Modelliersockel ab, damit nun auch die Innenseite des Halses frei an der Luft trocknen kann.

Wir lassen den Kopf noch einmal drei Tage lang gut durchtrocknen; dann schneiden wir die am Hals überstehenden Fransen der Papprolle mit der Schere ab. Die gröbsten Unebenheiten am Kopf entfernen wir mit einem scharfen Messer.

Danach nehmen wir ein Stückchen vom Schleifpapier Nr. 150 und fangen mit dem Schmirgeln an. Zeigt sich beim Schmirgeln, daß der Kopf noch nicht ganz durchgetrocknet ist, so warten wir noch einige Tage mit der weiteren Bearbeitung.

Wichtig ist es, "modellierend" zu schleifen, d.h. während des Schleifens passen wir uns der Form an. Wir haben mit viel Mühe den Puppenkopf modelliert und die Details des Gesichts gestaltet. Wenn wir jetzt, ohne auf diese zarten Formen zu achten, schmirgeln, sind sie bald wieder verschwunden und zurück bleibt ein flaches Gesicht.

Auch den Hals schmirgeln wir schön glatt. Den Hinterkopf brauchen wir nicht zu schmirgeln, denn er verschwindet unter der Perücke. Wollen wir jedoch einen "Pierrot" machen, so müssen wir auch den Hinterkopf glattschmirgeln.

Sind wir soweit fertig, dann gehen wir zum Polieren über. Wir halten den Kopf einen Augenblick unter fließendes Wasser und füllen uns einen Becher mit Wasser. Zum Polieren reiben wir mit nassen Fingern vorsichtig und auch hier wieder "modellierend" den nassen Puppenkopf.

Wird der Kopf zu trocken, so tauchen wir die Finger in den Becher mit Wasser und machen den Kopf wieder naß, so daß wir immer mit nassen Fingern arbeiten.

Ist der Kopf schön glatt geworden, dann lassen wir ihn wieder einen Tag lang trocknen.

Danach schleifen wir mit dem Schleifpapier Nr. 350 oder 400 den Kopf noch einmal sorgfältig ab, um alle Abdrücke, die unsere nassen Finger auf dem Kopf hinterlassen haben, wieder zu glätten.

Zum Schluß polieren wir den Kopf noch einmal mit einem Papiertaschentuch. Hierbei dürfen wir durchaus etwas kräftiger aufdrücken. Wir versuchen, den Kopf so glatt wie ein Blatt Papier zu bekommen. Wir können dann später besser auf ihm zeichnen und malen.

Arme und Beine behandeln wir in gleicher Weise.

Lektion 3
Das Bemalen des Puppenkopfes

Zum Malen benötigen wir:
1 Pinsel Nr. 000
1 Pinsel Nr. 3 oder 4
Plakafarbe, je eine Tube: schwarz, weiß, gelb, grün, ultramarin, zinnoberrot und gebrannte umbra.
weiße Dispersionsfarbe
1 Bleistift Nr. 2B
1 Becher Wasser
1 Blatt weißes Papier
1 Packung Papiertaschentücher
1 Teller zum Mischen der Farbe

Die Hautfarbe

Zuerst mischen wir die Hautfarbe. Dazu gießen wir etwas weiße Kunststoff-Dispersionsfarbe in ein abschließbares Marmeladenglas und fügen Wasser hinzu. Diese Art Farbe wird meistens im Verhältnis 1:1 mit Wasser verdünnt. Jetzt drücken wir etwas von der zinnoberroten Plakafarbe auf einen Teller und verdünnen sie mit Wasser. Das verdünnte Zinnoberrot mischen wir tropfenweise unter ständigem Rühren mit der weißen Dispersionsfarbe. Vorsichtig mit dem Zugeben von zinnoberrot, denn die Hautfarbe wird schnell zu dunkel. Wollen wir eine etwas wärmere Hautfarbe, dann können wir in derselben Weise noch etwas gelbe und braune Plakafarbe beimischen. Wenn wir die Farbe gut umgerührt haben, lassen wir sie zunächst etwa 15 Minuten stehen, um die Luftblasen entweichen zu lassen.

Wir nehmen den Puppenkopf, halten ihn am Hinterkopf oder Brustteil fest und gießen die Hautfarbe darüber. Vorher stellen wir selbstverständlich eine Auffangschale darunter. Die Farbe lassen wir gut ablaufen. Bilden sich Luftblasen, dann streichen wir sie mit dem Finger weg und gießen noch einmal Farbe darüber. Ist die Farbe zu dick, dann läuft sie nicht gleichmäßig ab. In deisem Fall spülen wir die Farbe unter fließendem Wasser wieder ab und fügen zur Hautfarbe noch etwas Wasser hinzu. Arme und Beine tauchen wir einfach in die Hautfarbe.

Wir lassen dann die Farbe trocknen. Nach dem Trocknen polieren wir Kopf, Arme und Beine ganz leicht mit feinstem Schleifpapier Nr. 1000, gießen noch einmal Farbe darüber, und lassen sie wieder trocknen. Erst dann können wir mit dem Malen von Augen und Mund beginnen. Die übriggebliebene Farbe tun wir in das Glas zurück, verschließen es und heben die Farbe für unsere nächste Puppe auf.

Wenn wir die Farbe über die Teile gießen, erhalten wir ein schöneres Resultat, als wenn wir die Farbe mit dem Pinsel auftragen. Wir sollten jedoch unsere Kleidung mit einer Schürze gegen mögliche Farbspritzer schützen.

Das Arbeiten mit Plakafarbe

In gleichen Abständen geben wir von jeder Farbe etwas auf den Tellerrand. In die Tellermitte kommt dann an zwei Stellen die weiße Farbe hinzu.

Die weiße Farbe verwenden wir hauptsächlich zum Mischen mit den anderen Farben. Die Farbtuben wieder gut verschließen, andernfalls trocknen die Farben nach kurzer Zeit aus. Läßt sich der Schraubverschluß einer Tube nach Gebrauch nicht mehr öffnen, weil zwischen Tube und Verschluß Farbe geraten ist, dann halten wir den Verschluß kurz unter fließendes heißes Wasser.

Wenn wir wenig Wasser zur Plakafarbe hinzufügen, ist die Farbe deckend. Eine deckende Farbe brauchen wir zum Beispiel für die Schuhe. Für das Malen von Augen und Mund verdünnen wir die Farbe mit etwas mehr Wasser, so daß wir sie als Aquarellfarbe verwenden können.

Auf der Probeplatte, die wir in Lektion 1 gemacht haben, probieren wir Farbdichte und Farbtöne aus, bevor wir uns mit den Farben an unseren Puppenkopf heranwagen.

Die Augen

Aus Illustrierten schneiden wir schöne Augen und Münder aus, und versuchen, diese zunächst auf einem Blatt Zeichenpapier mit Bleistift nachzuzeichnen und mit Plakafarbe auszumalen. Dieses Üben auf Papier gibt uns ein sicheres Gefühl, wenn wir an den Puppenkopf herangehen.

Haben wir beim Malen der Augen Fehler gemacht oder finden wir das Ergebnis nicht zufriedenstellend, dann zögern wir nicht und spülen die Farbe unter fließendem Wasser wieder ab. Danach lassen wir den Kopf wieder trocknen, schleifen ihn ganz leicht mit Schleifpapier Nr. 1000 ab und fangen von Neuem an.

Gelingt uns das Zeichnen überhaupt nicht, dann können wir immer noch ein Beispiel aus diesem Buch heraussuchen und es auf den Kopf übertragen. Dazu nehmen wir Transparentpapier und zeichnen Augen und Mund mit Bleistift nach, kehren das Blatt um und ziehen mit Bleistift die Linien noch einmal nach. Auf beiden Seiten des Transparentpapiers steht nun dieselbe Zeichnung. Wir legen dann das Blatt mit der Zeichnung an der richtigen Stelle auf den Kopf und ziehen die Linien der Zeichnung noch einmal nach. Während des Nachzeichnens drücken wir kräftig genug auf, um die Bleistiftlinien der Kehrseite auf den Kopf zu übertragen.

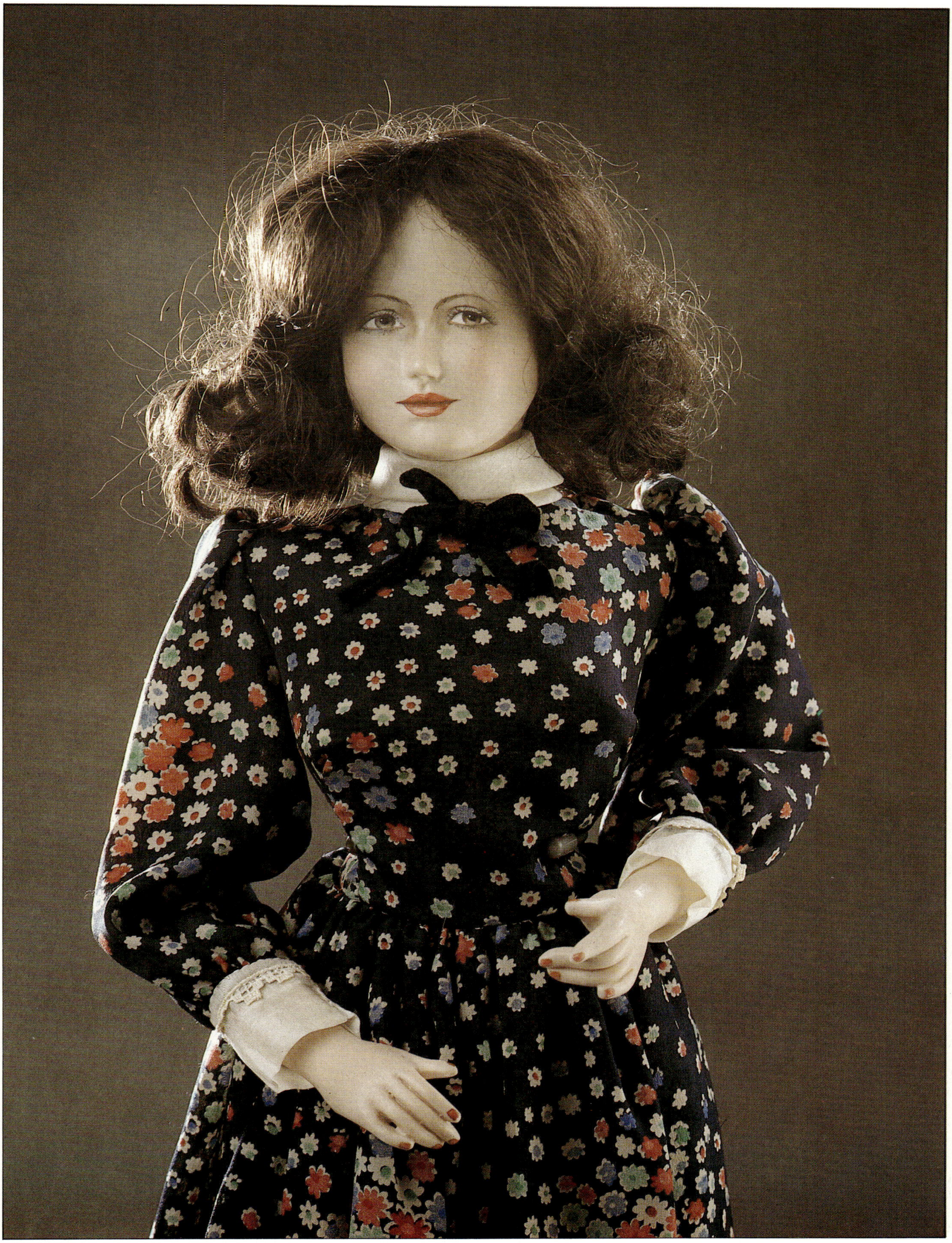

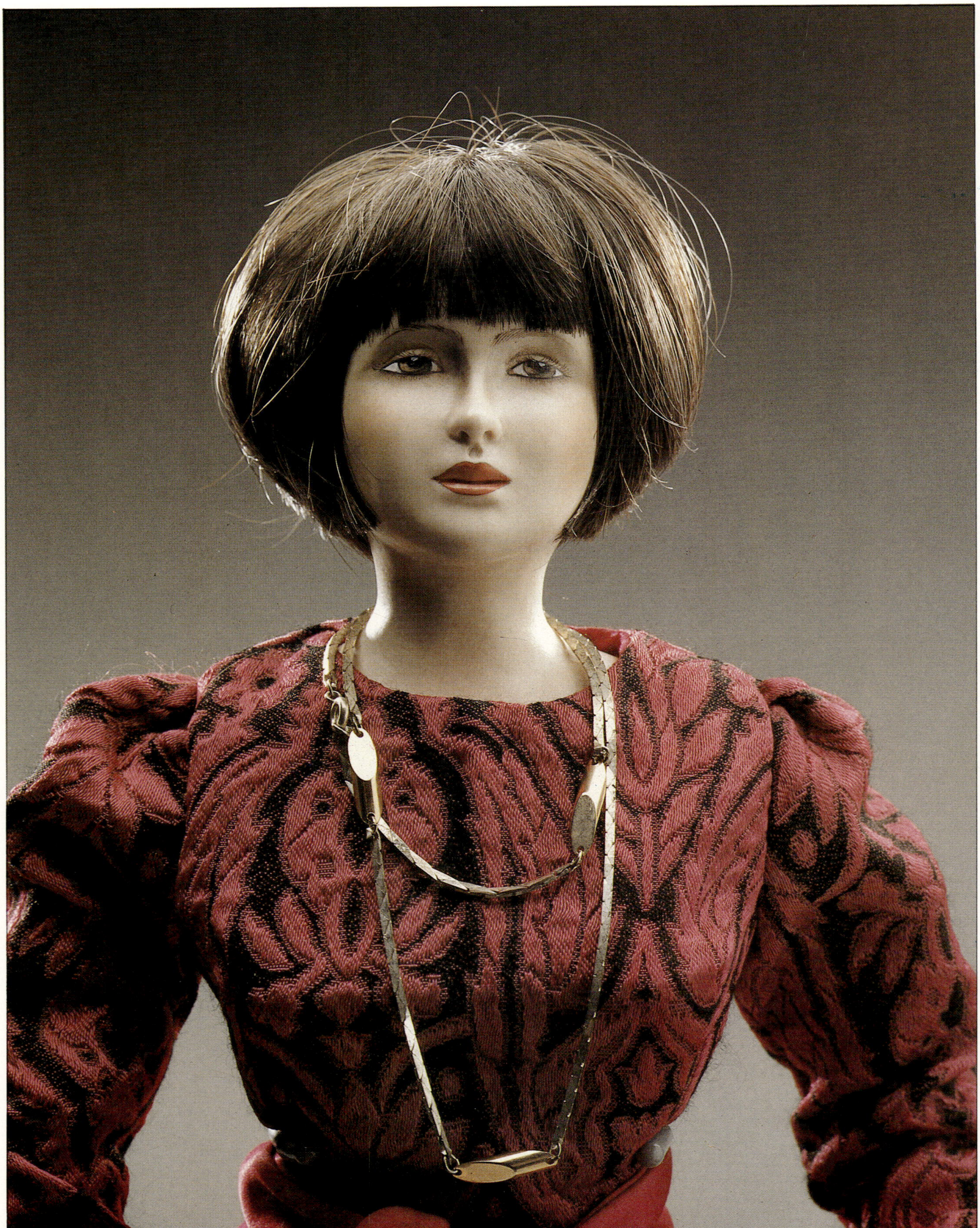

Lektion 3
Das Bemalen des Puppenkopfes

Wir nehmen den Puppenkopf in die linke Hand (Linkshänder in die rechte Hand) und lassen ihn, um ein unnötiges Schmutzigwerden zu vermeiden, auf einem Papiertaschentuch ruhen. Wir schlagen die Beine übereinander und lassen den linken Arm auf dem linken Oberschenkel ruhen. So liegt der Puppenkopf fest und ruhig in unserer Hand und wir können ihn fein säuberlich bemalen.
Fotos 40, 41 und 42.

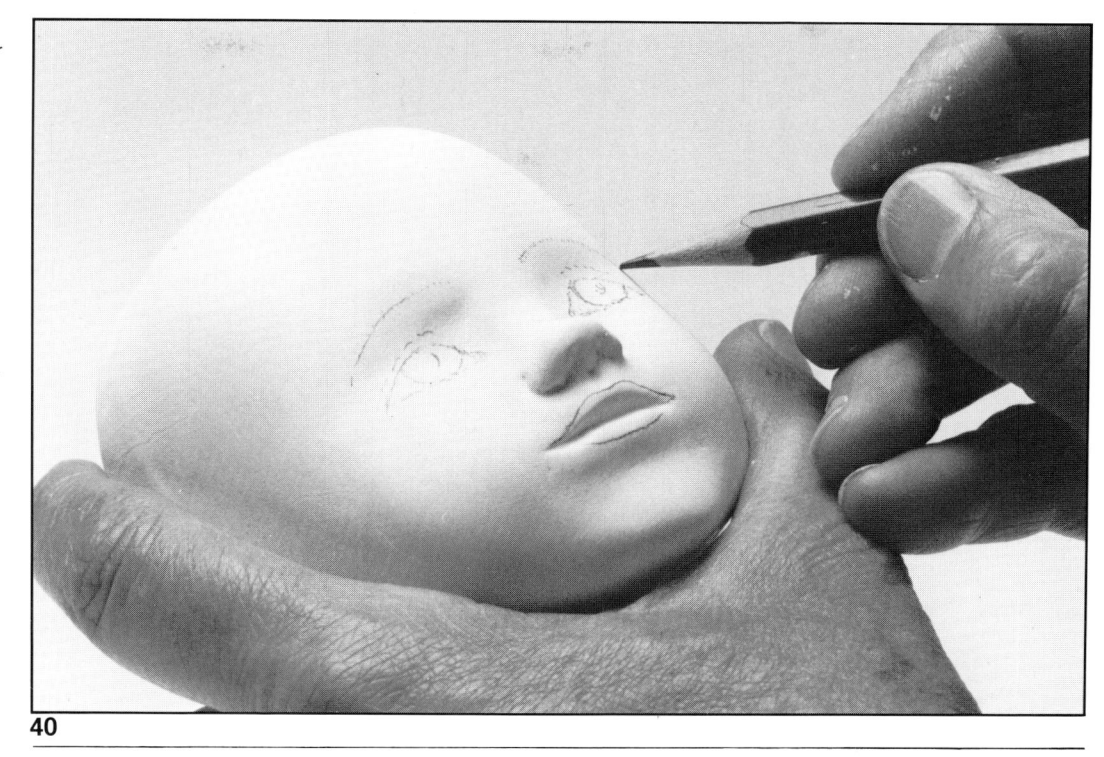

40

Figur 11 **Figur 12**

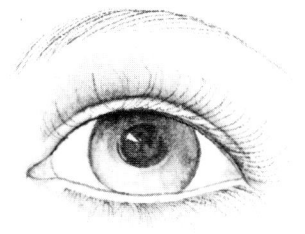

Figur 13 **Figur 14**

Wir nehmen einen Pinsel Nr. 000 und mischen die Farben blau und braun mit etwas Wasser, bis wir einen blaugrauen Farbton erhalten. mit dem Pinsel streichen wir zunächst über die Probeplatte, wobei wir überflüssige Farbe abstreifen, bis wir eine ganz dünne Linie ziehen können. Mit dem Pinsel ziehen wir nun die Konturen der Augen und Pupillen nach, die wir vorher mit Bleistift angebracht haben.

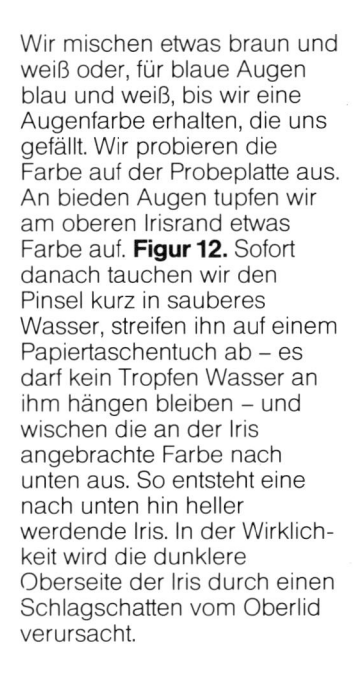

Wir mischen etwas braun und weiß oder, für blaue Augen blau und weiß, bis wir eine Augenfarbe erhalten, die uns gefällt. Wir probieren die Farbe auf der Probeplatte aus. An bieden Augen tupfen wir am oberen Irisrand etwas Farbe auf. **Figur 12.** Sofort danach tauchen wir den Pinsel kurz in sauberes Wasser, streifen ihn auf einem Papiertaschentuch ab – es darf kein Tropfen Wasser an ihm hängen bleiben – und wischen die an der Iris angebrachte Farbe nach unten aus. So entsteht eine nach unten hin heller werdende Iris. In der Wirklichkeit wird die dunklere Oberseite der Iris durch einen Schlagschatten vom Oberlid verursacht.

Sind wir soweit fertig, dann lassen wir zunächst alles trocknen. Danach verleihen wir dem Auge durch Auftragen von Lidschatten mehr Ausdruck. In der Tellermitte mischen wir weiß mit verschiedenen anderen Farben, bis wir eine Farbe für den Lidschatten bekommen, die uns gefällt und die zu den Augen paßt. Wir probieren sie auf der Probeplatte aus. Ist die Farbe zur Zufriedenheit ausgefallen, dann ziehen wir mit dem Pinsel den oberen Lidrand nach, spülen den Pinsel in sauberem Wasser aus, und streichen die Farbe nach oben in Richtung der Augenbraue aus. Hierfür können wir auch den dickeren Pinsel verwenden.

Lektion 3
Das Bemalen des Puppenkopfes

Zum Ausstreichen einer Farbe verwenden wir immer sauberes Wasser. Wasser, das mit Farbresten verschmutzt ist, hinterläßt nach dem Trocknen auch diese nicht erwünschten Farbreste auf dem Puppenkopf. Auch beim unteren Lidrand tragen wir etwas Lidschatten auf und streichen ihn mit sauberem Wasser nach unten aus. Versuchen Sie so zu arbeiten, daß keine Streifen entstehen.

Die Farbe der Iris vertiefen wir etwas und lassen dann alles erst wieder trocknen. Danach malen wir mit schwarz oder mit einer Mischung aus blau und braun die Pupille. Ist die Pupille trocken, dann führen wir den nassen Pinsel vorsichtig um die Pupille herum, so daß die Trennung zwischen Iris und Pupille leicht verschwimmt und das Auge natürlicher wirkt. Danach wieder trocknen lassen.

Wenn alles trocken ist, tragen wir das Weiße des Auges mit weißer Farbe auf und bringen in beiden Pupillen auf derselben Seite einen weißen Lichtreflex an. Wieder trocknen lassen. Einen Tupfen rot mischen wir mit weiß und malen die inneren Augenwinkel rosa. **Figur 13.**

Wir können eventuell über der Farbe um die Augen etwas echten Puderlidschatten anbringen. Dadurch wird die Farbe einigermaßen verwischt und die Augen erscheinen lebendiger.

Mit dem Pinsel Nr. 000 zeichnen wir die Wimpern: keine geraden Linien ziehen, sondern die Wimpern leicht gebogen verlaufen lassen. **Figur 14.**

Zum Schluß malen wir noch die Augenbrauen in derselben Farbe, die das Haar hat, das unsere Puppe bekommen wird.

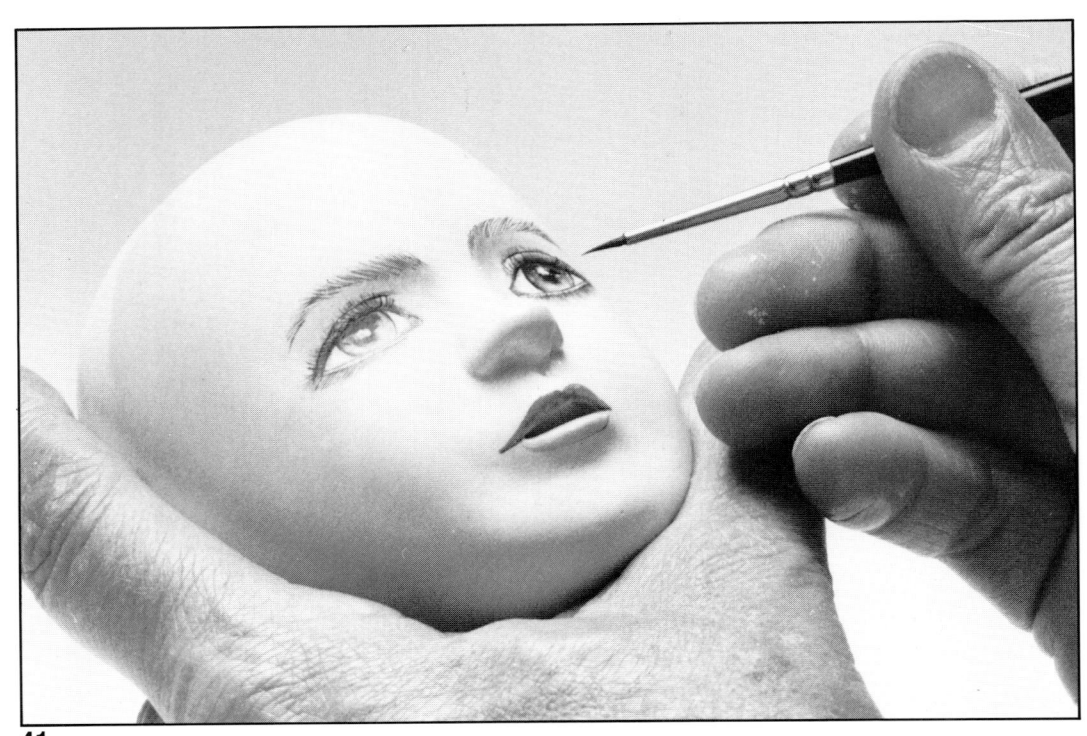

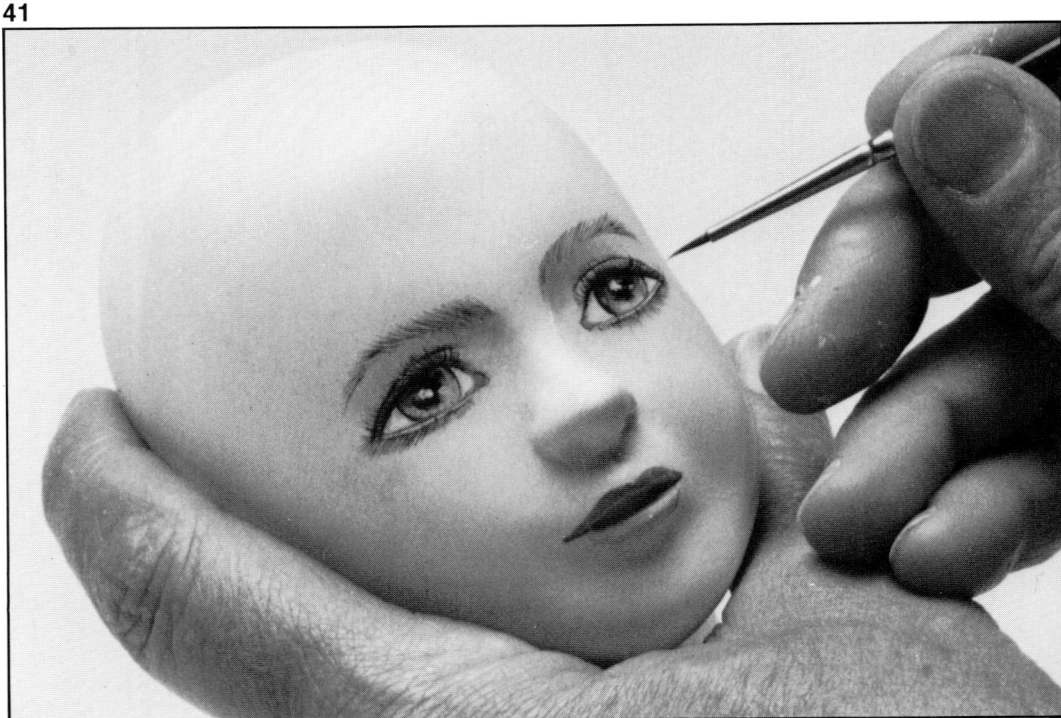

41

42

Der Mund

Mit dem Pinsel mischen wir etwas rot mit weiß und verdünnen es mit Wasser zu einem schönen hellrosa. Wir können, wenn wir möchten, durch Beimengen von braun oder gelb einen etwas anderen Farbton für den Mund erhalten.

Wenn wir den Mund malen, beachten wir, daß die Oberlippe dunkler ist als die Unterlippe, denn die Unterlippe reflektiert das Licht stärker und erscheint dadurch heller.

Auf den Wangen bringen wir etwas Puderrouge an. Dazu wickeln wir ein Papiertaschentuch um den Zeigefinger und tippen damit in das Rouge, streifen die Farbe auf einem Blatt Papier ab, bis fast nichts mehr übrig ist und bringen den Rest auf den Wangen an. Dort verteilen wir das Rouge sanft mit kreisenden Bewegungen.

Lektion 4
Das Bemalen der Schuhe

Zum Malen benötigen wir:
1 Pinsel Nr. 000
1 Pinsel Nr. 4
1 Becher Wasser
Plakafarbe, wie in Lektion 3
Papiertaschentücher
1 Bleistift Nr. 2B
1 Blatt weißes Papier
1 Teller zum Mischen der Farbe

Für den Fall, daß wir keinen Schuh oder Stiefel modelliert haben, zeichnen wir mit Bleistift ein Schumodell auf das Bein.

Sie können dazu die Beispiele aus diesem Buch zu Hilfe nehmen.

Wollen wir den Schuhen eine hellbraune Farbe geben, dann drücken wir etwa 4 cm weiße Farbe aus der Tube in die Tellermitte. Auf den Tellerrand geben wir noch etwas gelb und etwas braun. Mit dem nassen Pinsel Nr. 4 mischen wir das Gelb und das Braun mit dem Weiß in der Tellermitte, bis der Farbton uns gefällt. Fügen Sie nur wenig Wasser hinzu, denn die Farbe muß dick bleiben, sonst deckt sie nicht mehr ausreichend.

Wir ziehen mit Bleistift einen Strich auf ein Blatt weißes Papier, und tragen die Farbe darüber auf. Bleibt der Bleistiftstrich sichtbar, dann ist die Farbe zu dünn, und wir müssen mehr Farbe hinzufügen.

Mit dem Pinsel Nr. 4 malen wir die Schuhe. Die Ränder der gemalten Flächen werden mit dem Pinsel Nr. 000 schön ausgearbeitet. Danach erst wieder trocknen lassen. Die Sohlen bekommen einen dunkelbraunen oder schwarzen Farbton. Zum Trocknen verwenden wir wieder unsere Holzplatte mit den Nägeln.

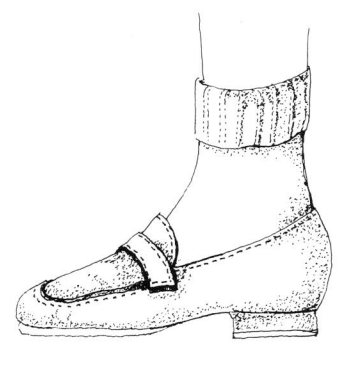

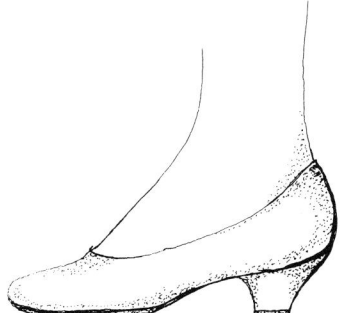

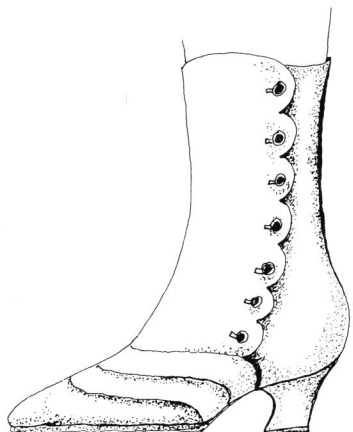

Das Lackieren

Zum Lackieren benötigen wir:
1 flachen Lackpinsel, 2 bis 3 cm breit
1 Dose farblosen Lack oder
1 Sprühdose farblosen Lack (seidenmatt)

Bevor wir mit dem Lackieren beginnen, probieren wir den Lack auf der Probeplatte aus. Dazu müssen die Farben auf der Probeplatte in derselben Reihenfolge angebracht sein wie auf dem Puppenkopf. Lackieren Sie den mit viel Mühe bemalten Puppenkopf niemals, ohne zu wissen, ob Sie einen geeigneten Lack haben. Lesen Sie vor allem aufmerksam die Gebrauchsanleitung auf der Verpackung. Verwenden Sie zum Verdünnen des Lacks und zum Reinigen des Pinsels immer die in der Gebrauchsanleitung angegebenen Verdünnungs- und Reinigungsmittel.

Das Lackieren geht am einfachsten, wenn wir einen farblosen Sprühlack verwenden. Wir besprühen Kopf, Arme und Beine der Puppe und lassen sie, wie vorgeschrieben, trocknen. Nach dem Trocknen sprühen wir sie noch einmal oder, wenn nötig, zweimal ein.

Wenn wir keinen Sprühlack verwenden möchten, dann Lackieren wir mit dem Pinsel. Wir rühren den Lack um und achten darauf, daß keine Staubteilchen in den Lack geraten. Zum Lackieren tauchen wir einen staubfreien Lackpinsel bis zur Borstenmitte in den Lack und tragen den Lack von oben nach unten auf den Puppenkopf auf.

Beim Auftragen achten wir darauf, daß wir den Pinsel nicht noch einmal über eine bereits lackierte Stelle führen, denn das gibt später Streifen.

Den Puppenkopf halten wir beim Lackieren am Hinterkopf fest oder stellen ihn vor dem Lackieren auf den Modelliersockel. Die Arme und Beine können wir wieder auf der Holzplatte mit den Nägeln trocknen lassen.

Nach einer Trockenzeit von 24 Stunden können wir, wenn nötig, noch eine zweite Lackschicht anbringen.

Lektion 5
Der Körper

Zum Nähen und Füllen des Stoffkörpers benötigen wir:
0,5 cm ungebleichten Baumwollstoff (Nessel)
weißes Nähgarn
Füllmaterial
Zwirn
1 Matratzennadel
Schnürband

Der Körper

Zum Füllen des Körpers verwenden wir Dralon-Watte, die wir in Hobbyläden bekommen können. Auf keinen Fall Kapok, weiße Watte oder Schaumstoff, denn diese Produkte sind entweder zu leicht oder zu elastisch und geben dem Körper nicht die verlangte Festigkeit. Der Körper soll straffgespannt sein und sich fest anfühlen.

Die Schnittmuster auf den Seiten 22 und 23 übertragen wir auf Papier, legen sie auf den Stoff und schneiden die Teile mit 0,5 cm Nahtzugabe aus. Vom Vorder- und Rückenteil steppen wir zuerst die Abnäher. Beide Teile legen wir rechts auf rechts mit den unteren Rändern genau aufeinander. Die unteren Ecken beider Teile sollten genau aufeinander passen; wenn dies nicht der Fall ist, korrigieren wir die Abnäher. Wir steppen zuerst die untere Naht und dann die Seitennähte. Oben lassen wir einen Schlitz für das Füllen des Körpers offen. Nach dem Steppen wenden wir den Stoffkörper auf die rechte Seite.

Der Stoffkörper muß prall gefüllt werden. Zuerst füllen wir die unteren Ecken mit nicht zu großen Bäuschen. Mit der Schere oder einem angespitzten Holzstäbchen drücken wir das Füllmaterial fest und arbeiten dann so langsam nach oben hin weiter. Das Füllmaterial auch gut in die Abnäher drücken, damit diese schön glatt werden. Am Körper dürfen keine Fältchen oder Kräuselungen sichtbar bleiben, sonst ist er nicht straff genug gefüllt.
Können wir wirklich kein Füllmaterial mehr hineinstopfen, dann schlagen wir die oberen Enden einen halben Zentimeter ein und nähen sie mit überwendlichen Stichen zusammen.

Wenn wir die Schnittmuster einmal mit und einmal ohne Nahtzugabe ausschneiden, können wir zwei, in der Größe etwas unterschiedliche Stoffkörper anfertigen. Bevor wir den Puppenkopf auf dem Stoffkörper befestigen, wählen wir dann den Körper, der im Verhältnis am besten zu unserem Puppenkopf paßt.

Nicht jeder modellierte Puppenkopf gleicht dem anderen, entweder weil die Modelliermasse etwas dicker aufgetragen worden ist, oder weil wir anstatt einer Styroporkugel mit 7 cm, eine mit 8 cm Durchmesser genommen haben.

Arme und Beine

Die Arme und Beine werden ebenfalls mit einer Nahtzugabe von 0,5 cm zugeschnitten. Wir steppen die Längsnähte und wenden den Stoff nach rechts. Ellenbogen und Knie steppen wir, wie auf dem Schnittmuster angegeben, durch. Die Beine füllen wir zuerst unterhalb und dann oberhalb der Knie, jedoch nicht so fest wie den Körper. Damit die Beine später schön senkrecht vom Körper herunterhängen, schlagen wir den oberen Stoffrand, wenn die Beine bis oben gefüllt sind, an der Innenseite des Beins etwas mehr ein und nähen ihn zu. Die Beine nähen wir mit überwendlichen Stichen am Körper fest. **Foto 44.**

Die Arme werden zuerst unterhalb, dann oberhalb der Ellenbogen gefüllt und mit einem Plattstich oben am Körper befestigt. Damit sie später schön über die Schulter am Körper herunterhängen, verwenden wir zum Füllen der Oberarme nur wenig Füllmaterial. Beim Befestigen der Arme achten wir darauf, daß die Ellenbogen sich in der Höhe der Taille und die Fingerkuppen sich in der Mitte der Oberschenkel befinden.

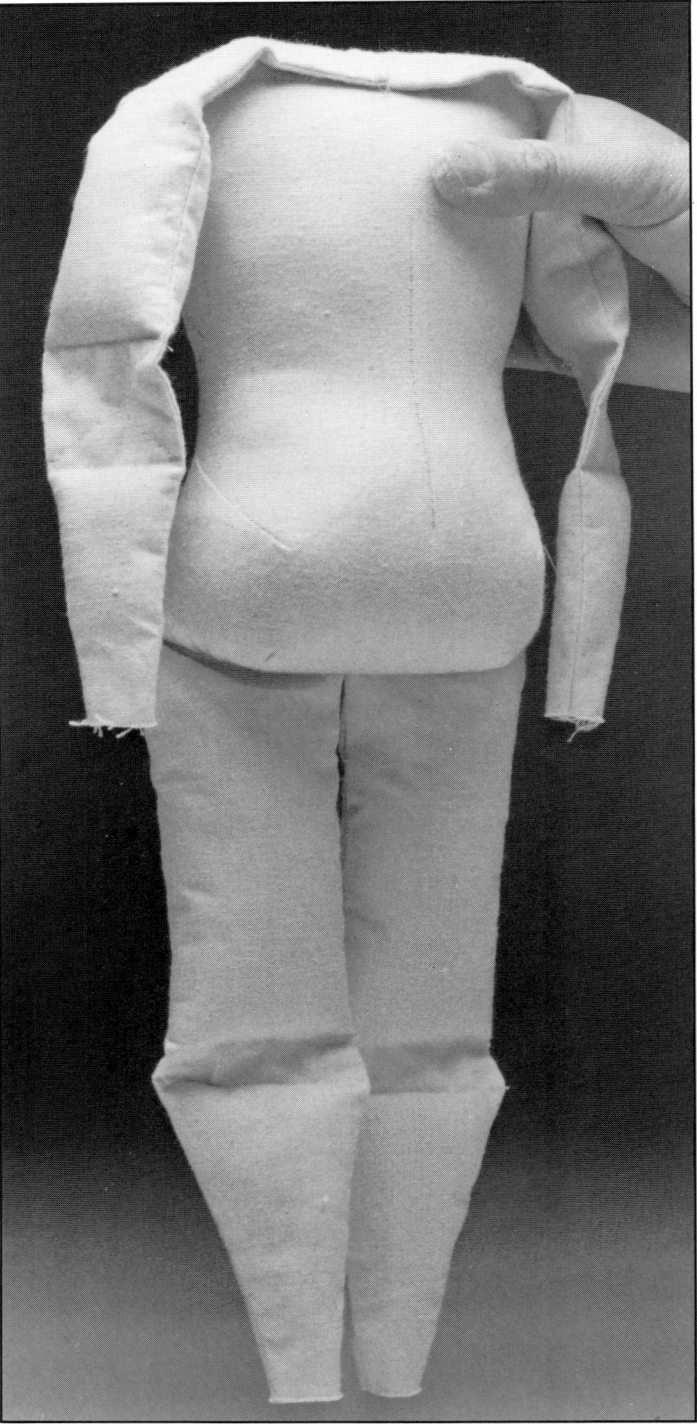

44

Lektion 5
Der Körper

Das Befestigen des Puppenkopfes

Der Puppenkopf wird mit einer Matratzennadel und Schnürband auf dem Körper befestigt.

Wir fangen hinten rechts unten am Körper an und stechen die Matratzennadel flach durch den Körper schräg nach links oben, in die Nähe des hinteren linken Loches des Puppenkopfes.

Wir führen die Nadel von innen durch dieses Loch nach außen. Dann stechen wir die Nadel durch den Körper hindurch nach vorn, führen sie von innen durch das vordere linke Loch und stechen die Nadel flach durch den Körper zum anderen vorderen Loch. Jetzt durch dieses Loch, dann wieder durch den Körper hindurch nach hinten durch das noch verbliebene Loch. **Fotos 45 und 46.**

Zum Schluß stechen wir zur Befestigung noch einmal schräg nach links unten flach durch den Körper, ziehen das Schnürband kräftig an und knoten die Enden zusammen. **Foto 47.**

Die modellierten Arme und Beine werden mit einem Kleber am Stoffkörper befestigt. Den Kleber bringen wir sowohl am Stoff als auch an der Innenseite der Arme und Beine an. Wir schieben sie ineinander in die richtige Position und lassen den Kleber trocknen. **Fotos 48 und 49.**

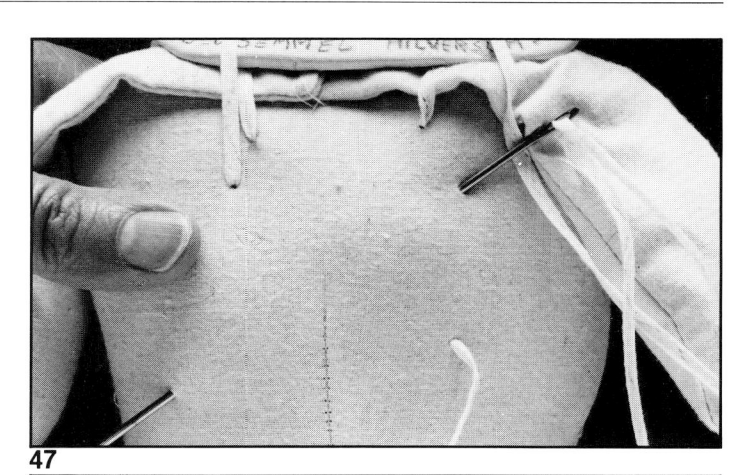

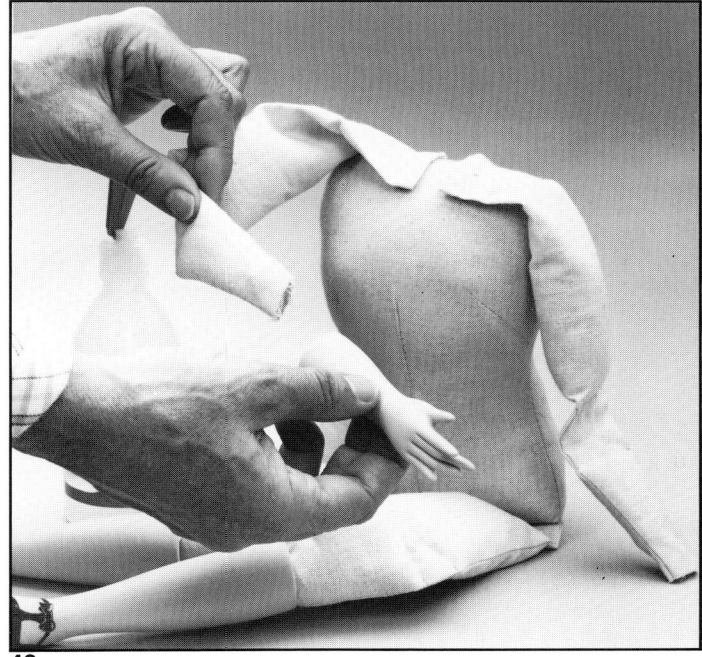

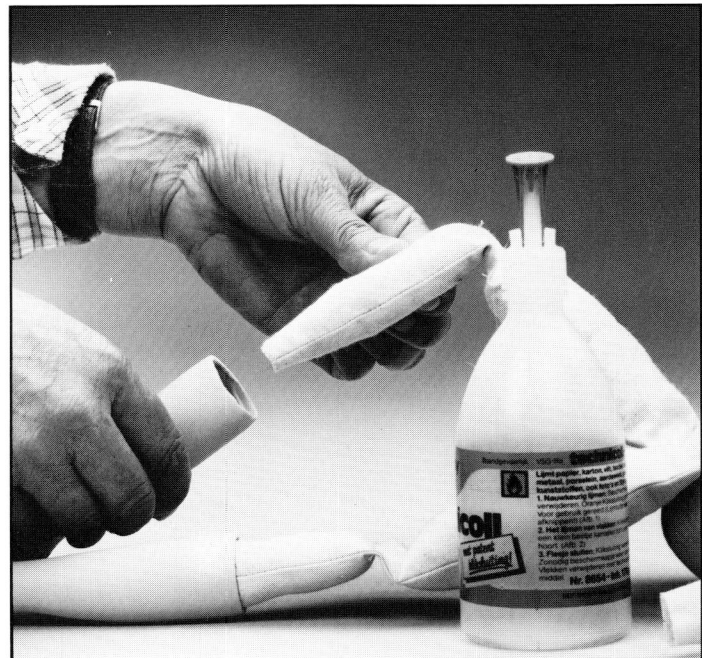

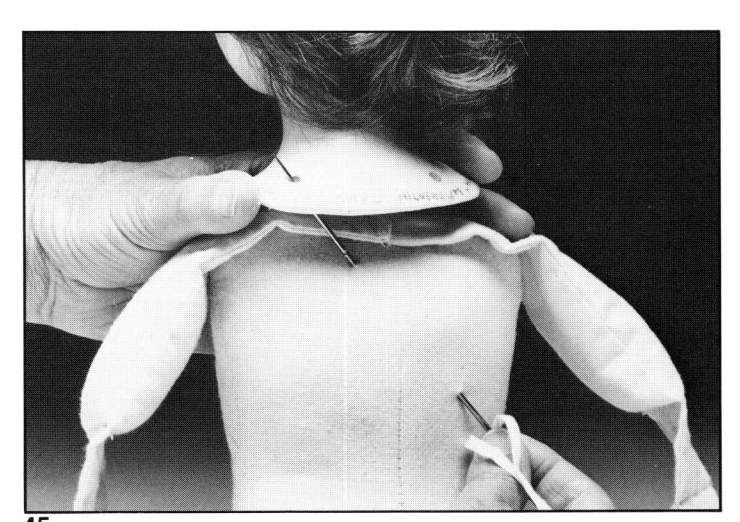

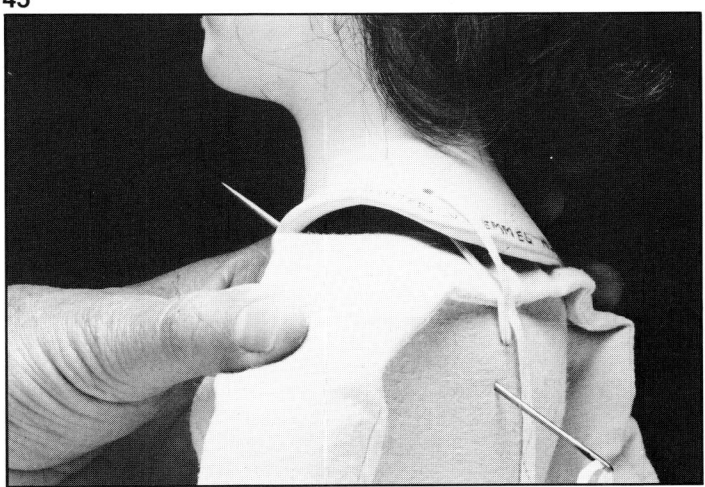

45

46

47

48

49

Schnitt

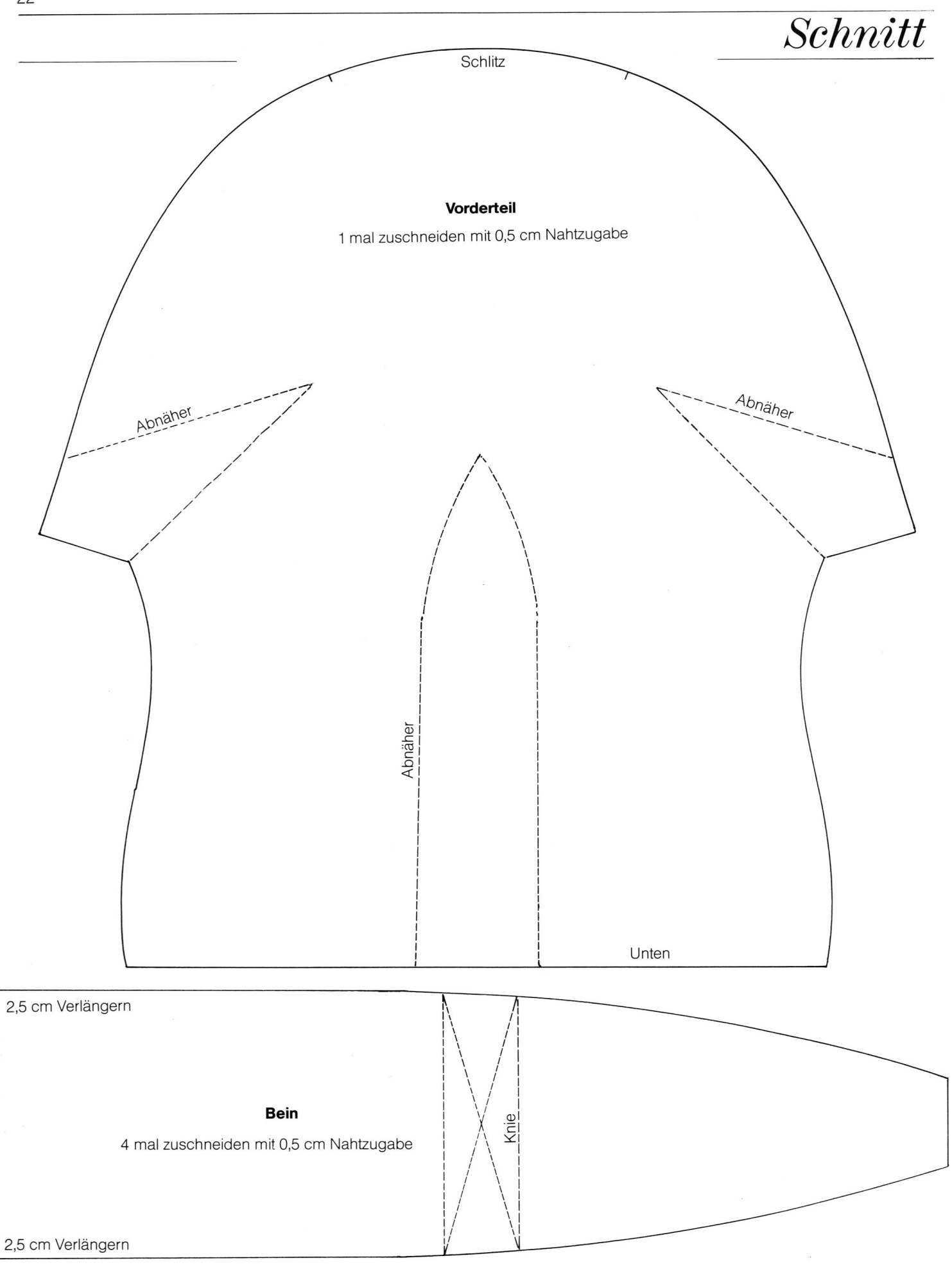

Schlitz

Vorderteil
1 mal zuschneiden mit 0,5 cm Nahtzugabe

Abnäher

Abnäher

Abnäher

Unten

2,5 cm Verlängern

Bein
4 mal zuschneiden mit 0,5 cm Nahtzugabe

Knie

2,5 cm Verlängern

muster

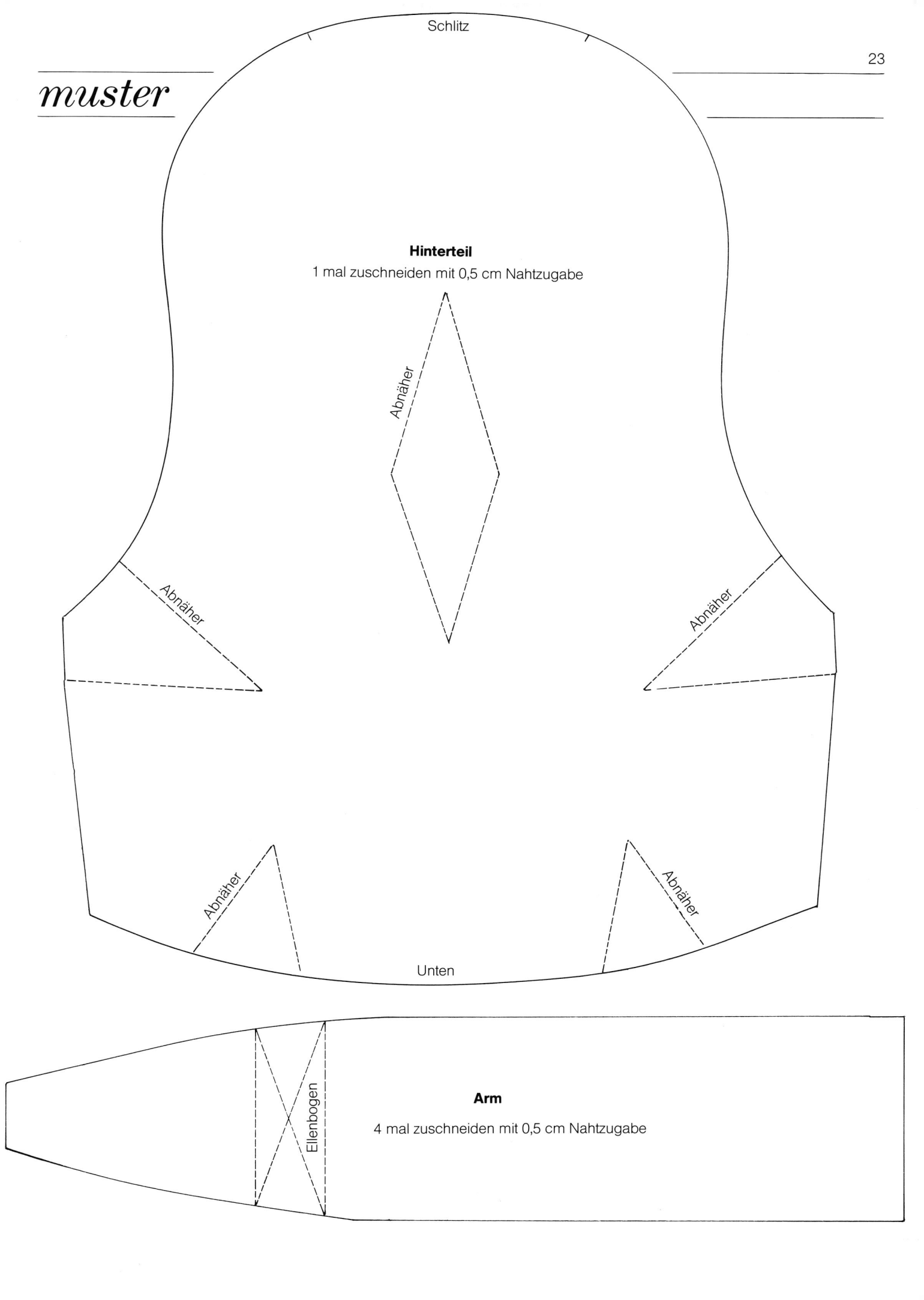

Schlitz

Hinterteil
1 mal zuschneiden mit 0,5 cm Nahtzugabe

Abnäher

Abnäher

Abnäher

Abnäher

Abnäher

Unten

Ellenbogen

Arm
4 mal zuschneiden mit 0,5 cm Nahtzugabe

Lektion 6
Die Perücke

Für die Perücke benötigen wir:
Flachs oder ungesponnene Schafwolle
1 ausgediente Perücke
1 Nadel
1 Styroporkugel, mit gleichem Durchmesser, wie wir ihn für den Puppenkopf verwendet haben
Garn, in der Farbe der Haare

Wenn wir Flachs verwenden, brauchen wir eine Länge von etwa 50 cm. Wir schneiden den Flachsstrang in zwei gleiche Teile und zupfen den Flachs bis zu einer Breite von 4 bis 5 cm auseinander. Wir messen die Länge des Puppenscheitels von der Stirn bis zum Wirbel, das sind ungefähr 5 cm. Beide Teile Flachs legen wir nun so aufeinander, daß die Breite der Scheitellänge entspricht, also etwa 5 cm.

In der Mitte steppen

Mit der Hand oder Nähmaschine steppen wir eine Naht in der Mitte des Haares. **Figur 16.**

Eine "englische Naht" steppen

Wir nehmen die Haare doppelt und steppen eine zweite Naht direkt unterhalb der ersten Steppnaht; dies wird als "englische Naht" bezeichnet. An einem Ende der Naht werden die Haare zusammen genommen und miteinander verflochten, so daß eine Art Kappe aus Haar entsteht. Auf dem Hinterkopf der Puppe bringen wir etwas Kleber an und kleben die Perücke mit der Steppnaht als Scheitel auf dem Puppenkopf fest. **Figur 17.**

Beim Auftragen des Klebers achten wir darauf, daß der Kleber nicht über das Gesicht laufen kann; am besten halten wir den Puppenkopf leicht schräg nach hinten.

Die Perücke drücken wir vorsichtig an. Stellen wir später fest, daß die Perücke noch nicht überall gut haftet, bringen wir ganz vorsichtig noch etwas Kleber unter dem Haar an. Ist der Kleber trocken, dann können wir mit Hilfe von Haarnadeln alle möglichen Frisuren machen.

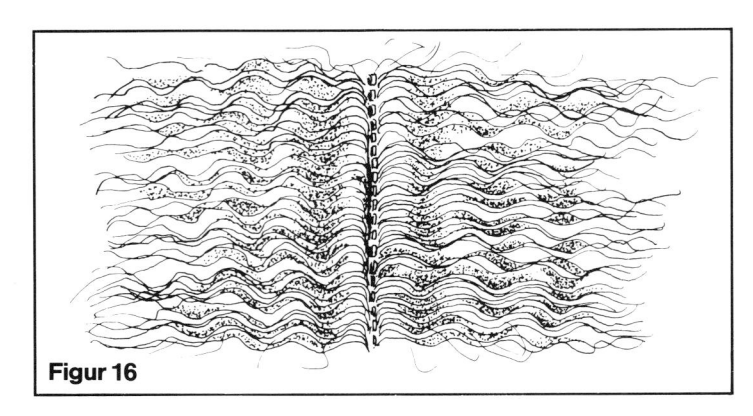

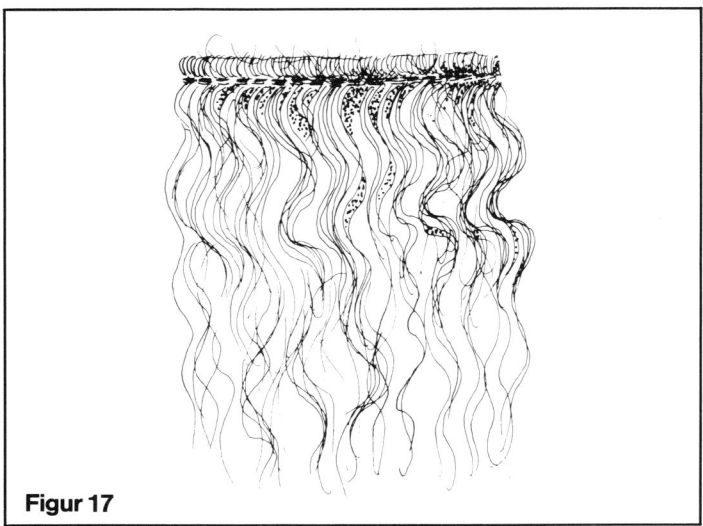

Verwenden wir ungesponnene Schafwolle, dann fertigen wir die Perücke in der gleichen Weise an.

Verfügen wir über eine ausgediente Perücke oder haben wir eine zu große Puppenperücke gekauft und können sie nicht mehr umtauschen, dann stellen wir unsere Puppenperücke folgendermaßen her:

Wir schneiden den Wirbel mit einem Durchmesser von etwa 8 cm von der Gazeseite her heraus. Wenn wir von dieser Seite schneiden, beschädigen wir das Haar nicht. Mit dem herausgeschnittenen Wirbel verfügen wir gleich über eine fertige Puppenperücke. **Foto 50.**

Den Rest der ausgedienten Perücke verwenden wir zum Herstellen "selbstgemachter" Puppenperücken. Zunächst trennen wir die mit Haar bestückten Bänder von der Gaze ab. Das Haar der einzelnen Bänder ist meistens nicht von gleicher Länge, deshalb ordnen wir die Bänder nach der Haarlänge. Wir nehmen eine Styroporkugel mit gleichem Durchmesser, wie wir ihn für den Puppenkopf verwendet haben, schneiden von einem Nylonstrumpf die Spitze ab und ziehen diese Spitze halb über die Kugel. Vorher schlagen wir die Strumpfspitze noch einen halben Zentimeter für den Saum nach innen um. Wir beginnen nun am Saum und nähen die Bänder mit Haar mit kleinen Reistichen auf. Zuerst nähen wir das Band mit dem kürzesten Haar auf und achten darauf, daß die Haare nach innen fallen **Foto 51.**

Figur 16

Figur 17

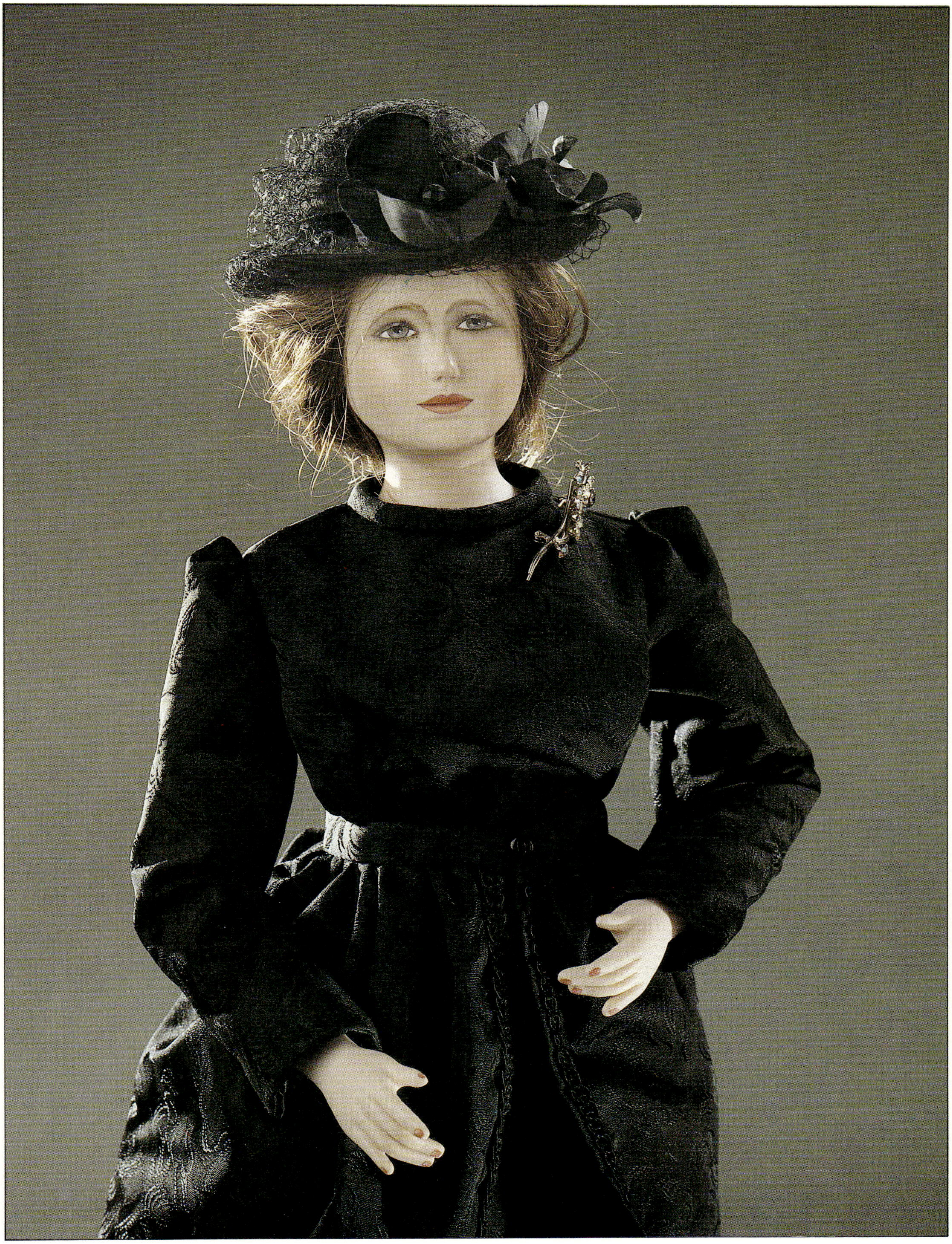

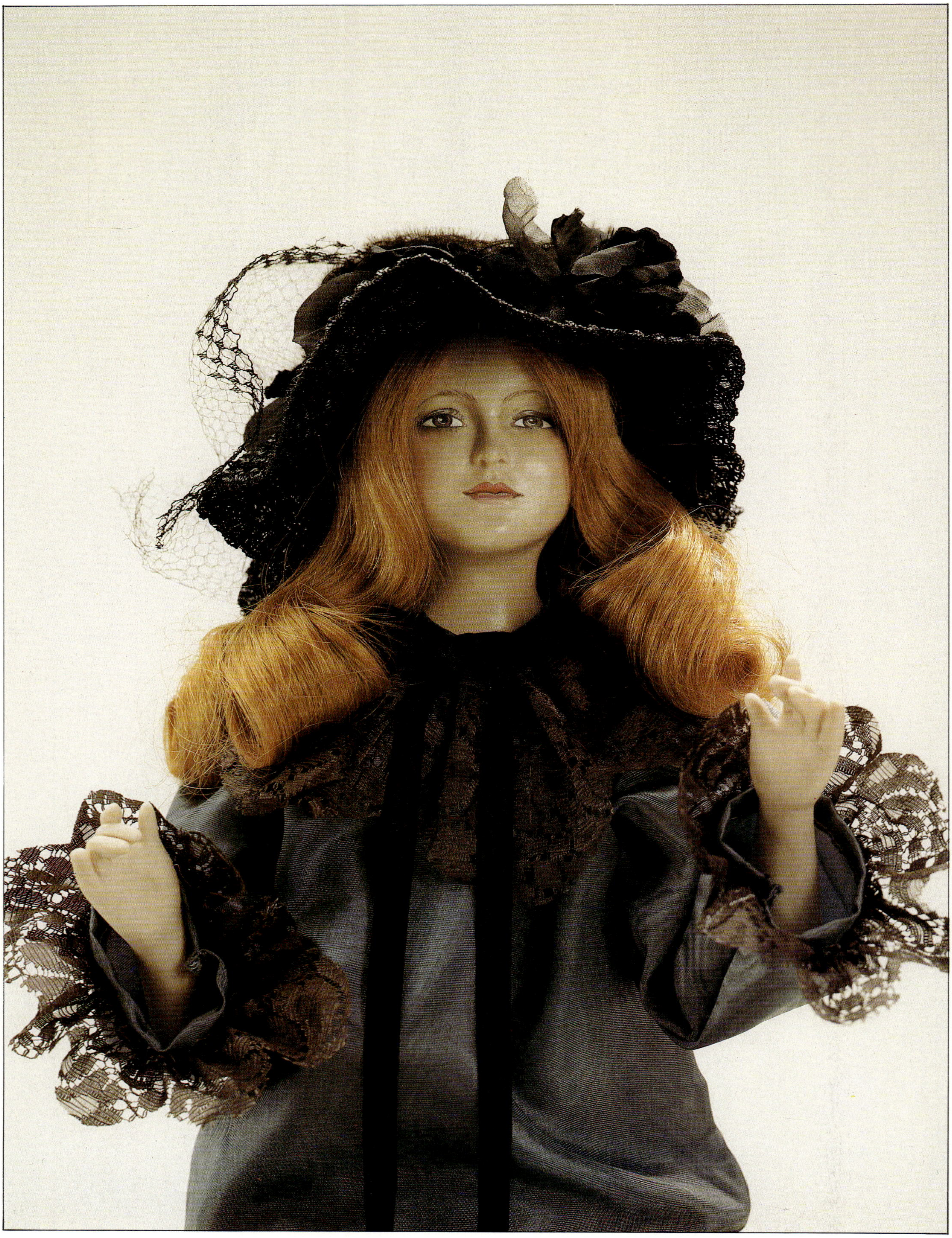

Lektion 6
Die Perücke

Haben wir die erste Reihe ringsum angebracht, dann nähen wir eine zweite Reihe oberhalb der ersten Reihe auf. Wir arbeiten so spiralenförmig nach oben weiter. Sind wir etwa bei der Hälfte des Strumpfteils angelangt, arbeiten wir mit längerem Haar weiter. Der Abstand zwischen den angebrachten Bändern beträgt 2 bis 3 mm.

Bei blondem Haar von einer Perücke aus echtem Haar sind die Haare meistens dünner und wir müssen den Abstand zwischen den einzelnen Bändern etwas kleiner wählen.

Sind wir oben an der Strumpfspitze angelangt und können bestimmt keine Runde mehr anbringen, dann nehmen wir die Perücke von der Styroporkugel ab. Wir stechen mit der Schere ein kleines Loch in die Strumpfspitze und stecken rundum mit der Schere ein Bändchen Haar hinein. Dieses Bändchen nähen wir an der Innenseite des Strumpfteils fest. Jetzt können wir die Perücke vorsichtig bürsten, frisieren und auf den Puppenkopf kleben. Nach dem Heraustrennen des Wirbels einer zu groß gekauften Puppenperücke verwenden wir den Rest, da dieser nicht genügend Haarbänder erhält, zum Fertigen einer Kinderperücke. Wir benützen dann anstatt einer Styroporkugel mit 7 cm eine mit 4 cm Durchmesser.

Wenn wir die Puppenhaare aufstecken möchten, dann nähen wir auch an der Innenseite des Strumpfteils drei Bänder mit Haaren auf. Um das Haar etwas voller erscheinen zu lassen, legen wir einen schmalen Streifen Schaumstoff um den Puppenkopf herum und stecken erst dann die Haare auf.

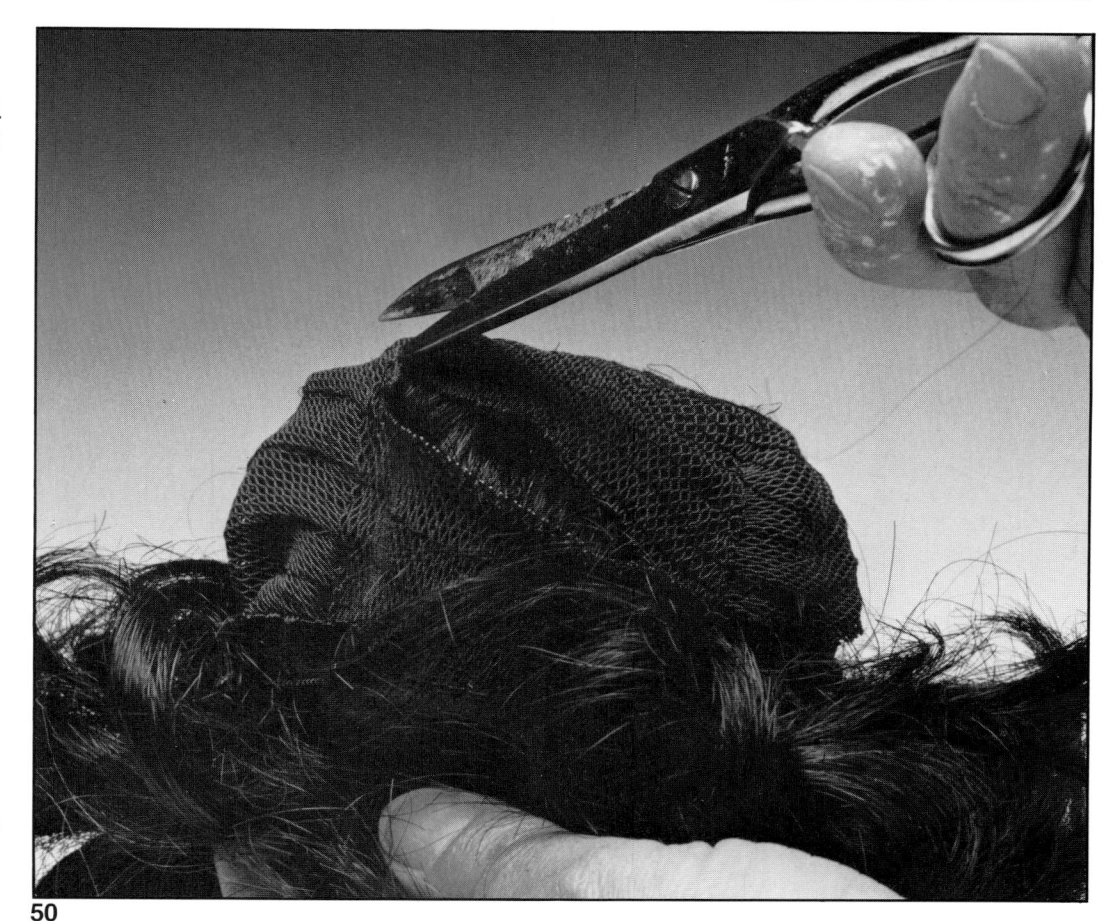

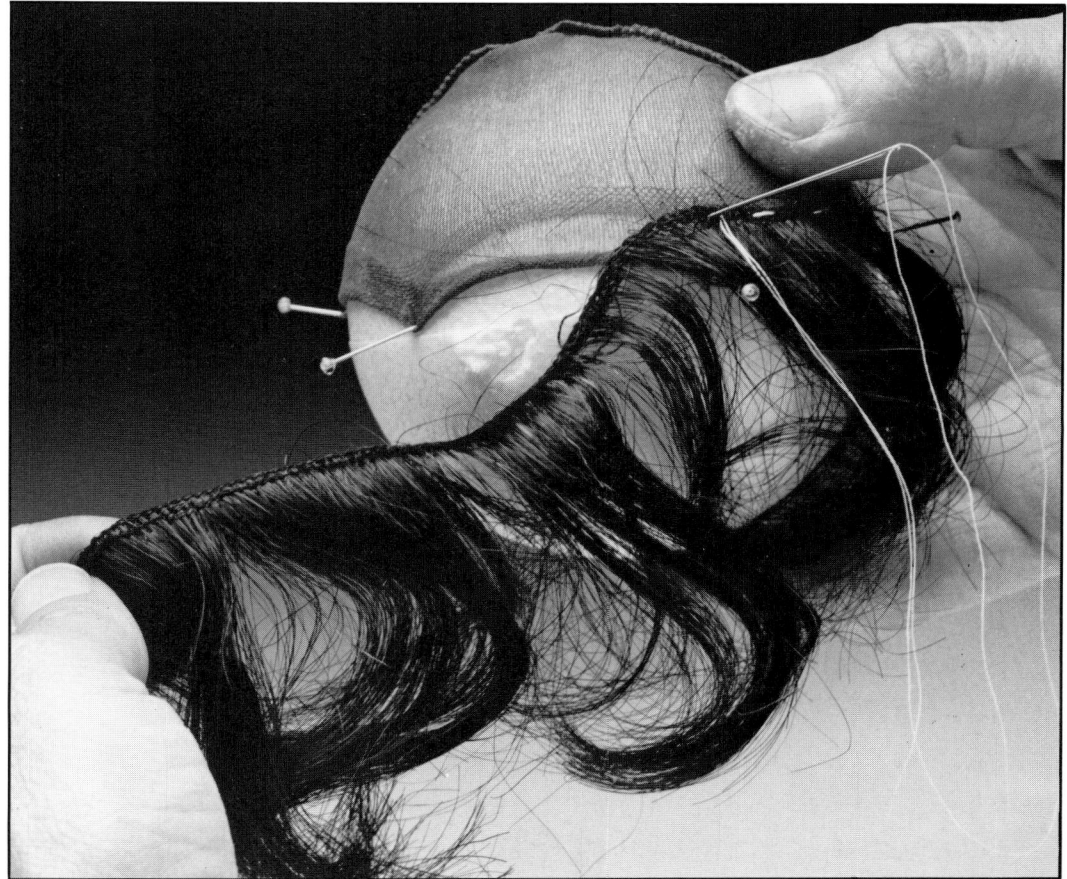

50

51

Lektion 6
Die Kleidung

Für die Kleidung benötigen wir:

1 m Stoff, 90 cm breit, für das Kleid
60 cm Futterseide oder dünnen Baumwollstoff, für Unterrock und Höschen
4 kleine Knöpfe
dünnes Gummiband
Garn in der Hauptfarbe des Kleides
Schere
Nadel und Faden

Die auf den Seiten 26, 27 und 30 abgebildeten Schnittmuster haben die für diesen Puppentyp passende Größe.

Es sind Schnittmuster, die für eine Puppe von etwa 60 cm Gesamtlänge gedacht sind und als Grundlage für Ihre Phantasie dienen können. Sie sollten trotzdem die Schnittmuster an Ihrer selbstgemachten Puppe ausprobieren, so daß Sie zum Beispiel Schulterbreite und Taillenlänge kontrollieren können. Das Kleid können wir nach unserer Phantasie mit Bändchen, Volants, Rüschen oder Spitze schmücken.

Hinweise zum Nähen des Kleides

1. Zuerst die Abnäher steppen.
2. Vorderteil, Rückenteil und Ärmel mit Zick-Zack-Stich versäubern. Das Vorderteil können wir bereits mit Spitze schmücken.
3. Schulternähte steppen.
4. Ärmel unten säumen und oben einkräuseln.
5. Vorder- und Rückenteil mit der rechten Seite nach unten flach hinlegen, so daß ein langer Armausschnitt entsteht. Hier den gekräuselten Ärmel hineinheften und, wenn alles gut paßt, die Ärmel feststeppen.

Einkräuseln oder fälteln

Ärmel

2 mal zuschneiden

6. Vorder- und Rückenteil mit der rechten Seite aufeinander legen, die Ärmel liegen nun mit der rechten Seite nach innen doppelt. Jetzt die Ärmelnaht und die Seitennaht auf einmal steppen. Am Rückenteil den Saumumschlag nach innen einschlagen und feststeppen.
7. Für den Rock benötigen wir ein Stück Stoff von 90 cm Breite und 30 cm Länge. Den Rock zuerst mit Spitze oder Bändern schmücken. Die hintere Naht bis auf 5 cm von oben steppen. Den oberen Rand einkräuseln bis er an das Oberteil paßt. Oberteil und Rock aneinander steppen. Den Hals mit einem Schrägstreifen versäubern. An einer Seite des Rückenteils Schlingen anbringen und an der anderen Seite Knöpfe annähen.
8. Für den Unterrock benötigen wir ein Stück Stoff von 60 cm Breite und 30 cm Länge. Die hintere Naht steppen. Den oberen Rand 1 cm nach innen einschlagen und einen Saum steppen. Am unteren Rand einen schmalen Saum steppen und eventuell einen Spitzenrand anbringen. Durch den oberen Saum ein Gummiband ziehen und einkräuseln.
9. Das Höschen an der oberen Seite und an den Beinen wie beim oberen Rand des Unterrockes kräuseln.

Unten

Halsbündchen im Schrägfadenlauf zuschneiden

Lektion 6
Schnittmuster

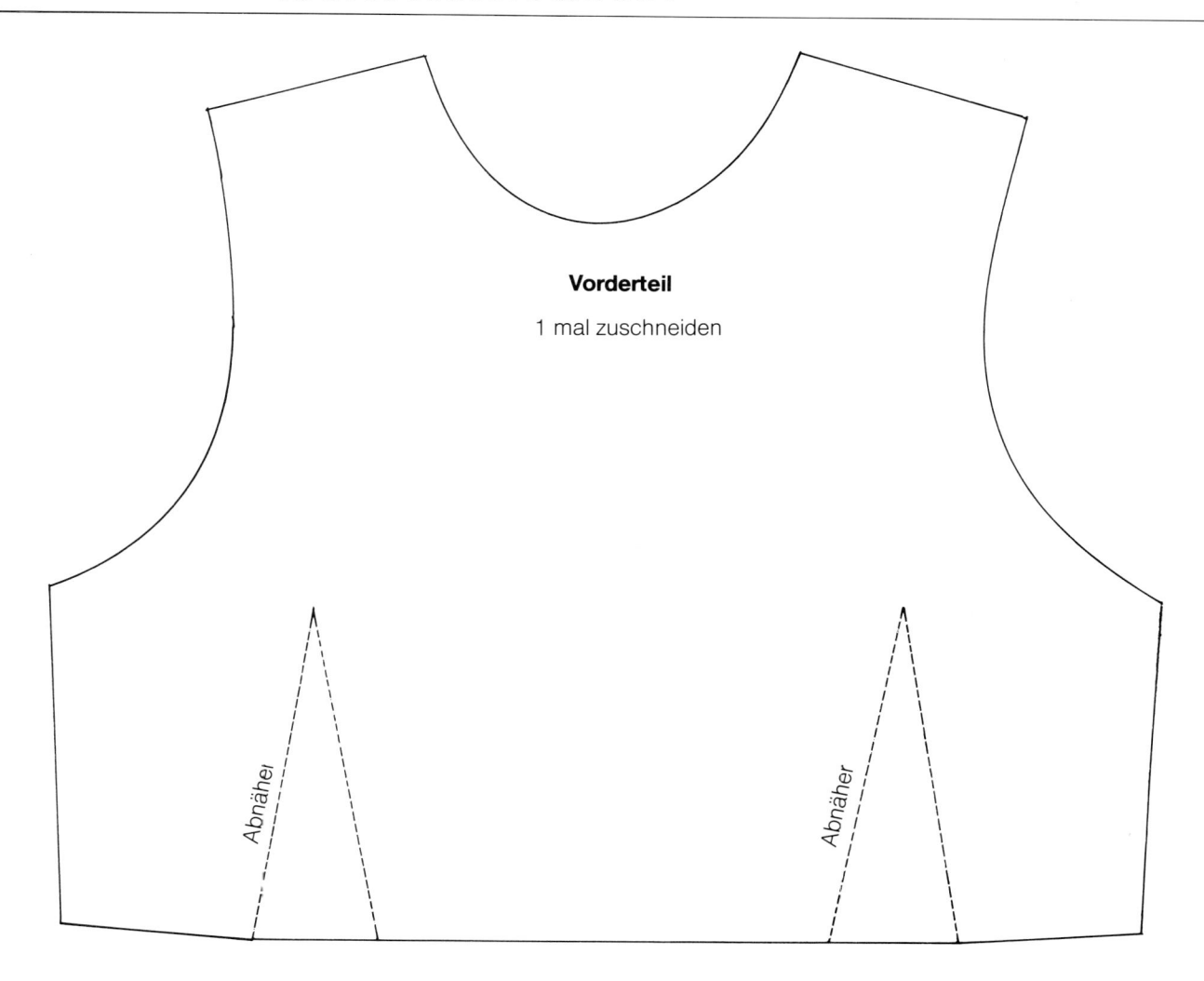

Vorderteil

1 mal zuschneiden

Abnäher

Abnäher

Schnittmuster mit 0,5 cm Nahtzugabe zuschneiden

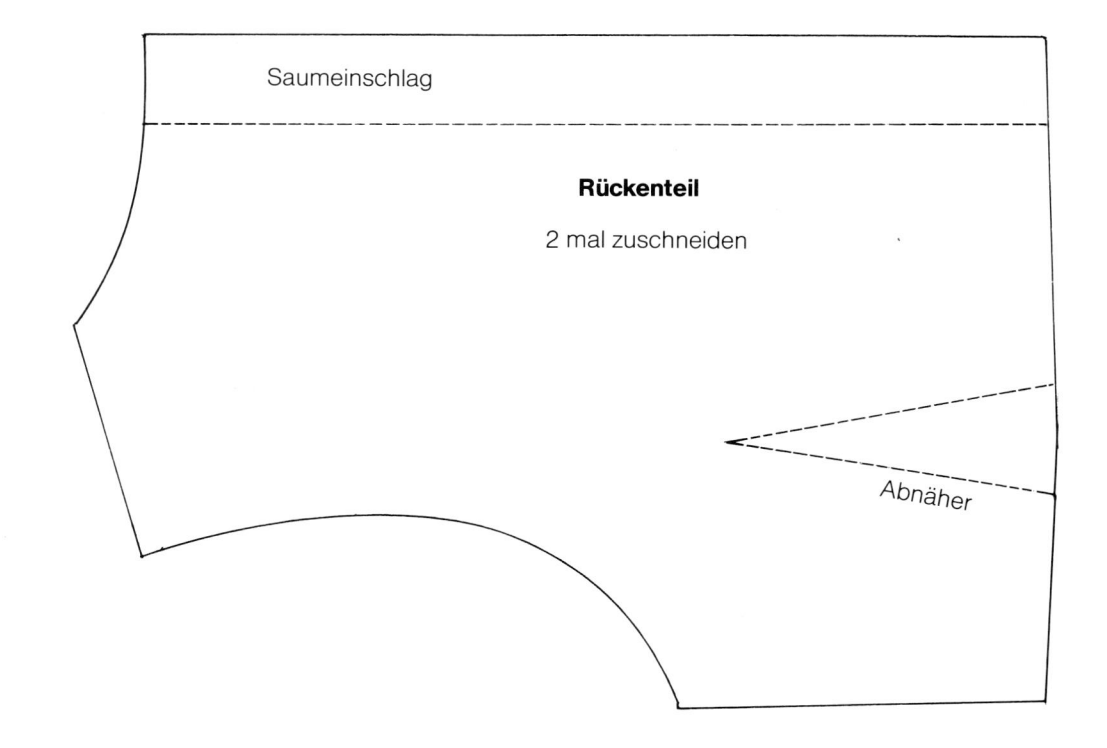

Saumeinschlag

Rückenteil

2 mal zuschneiden

Abnäher

Lektion 6
Hütchen

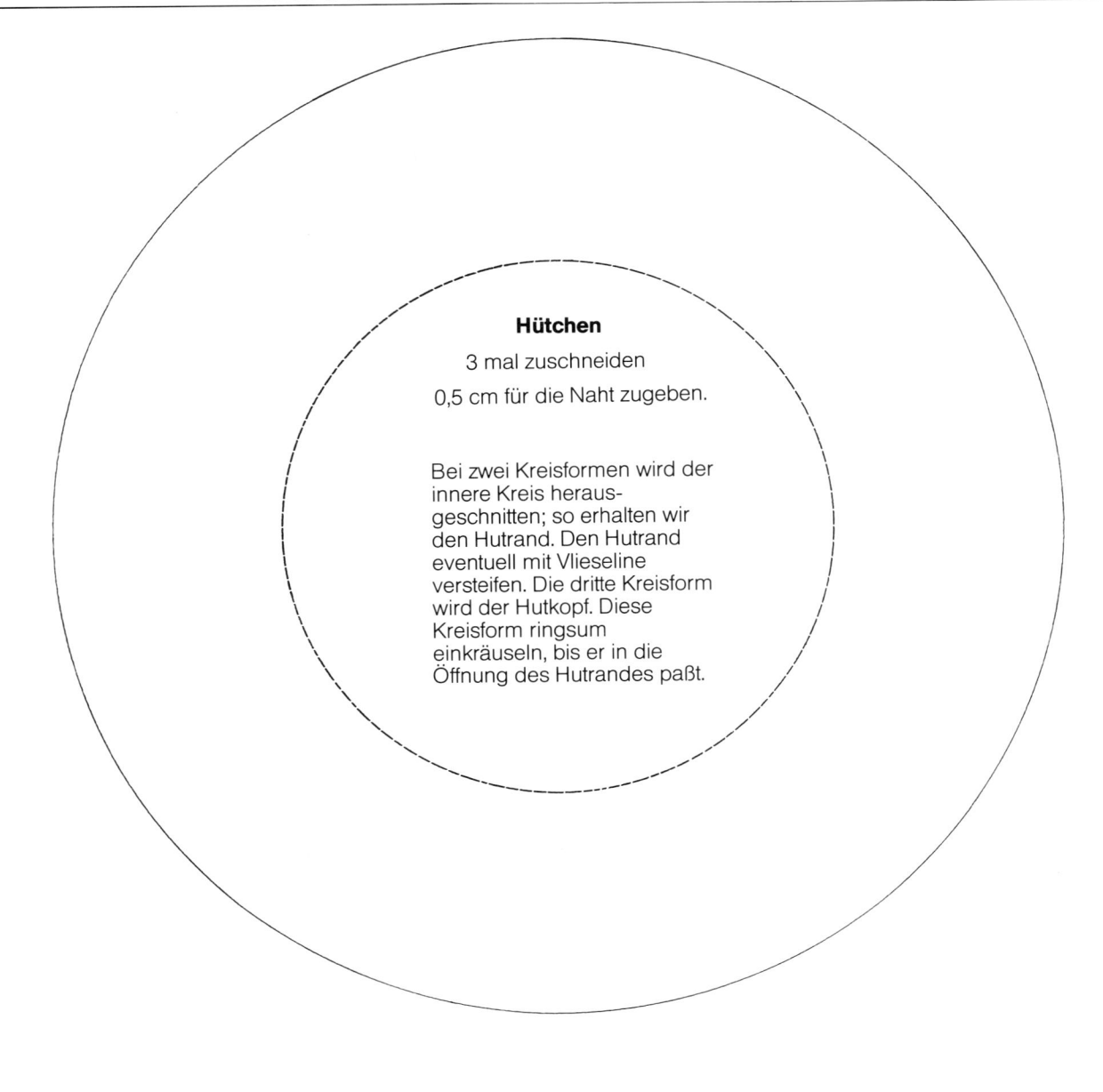

Hütchen

3 mal zuschneiden

0,5 cm für die Naht zugeben.

Bei zwei Kreisformen wird der innere Kreis herausgeschnitten; so erhalten wir den Hutrand. Den Hutrand eventuell mit Vlieseline versteifen. Die dritte Kreisform wird der Hutkopf. Diese Kreisform ringsum einkräuseln, bis er in die Öffnung des Hutrandes paßt.

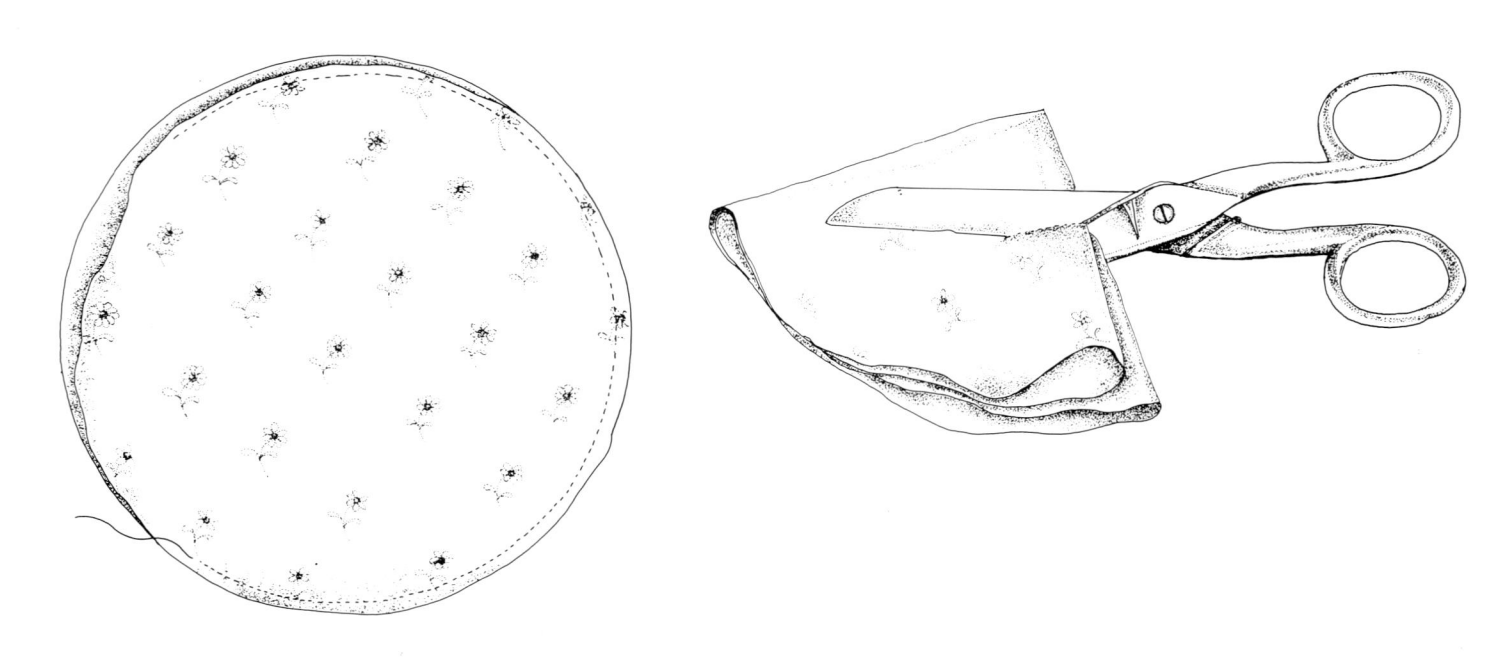

Lektion 6
Hütchen

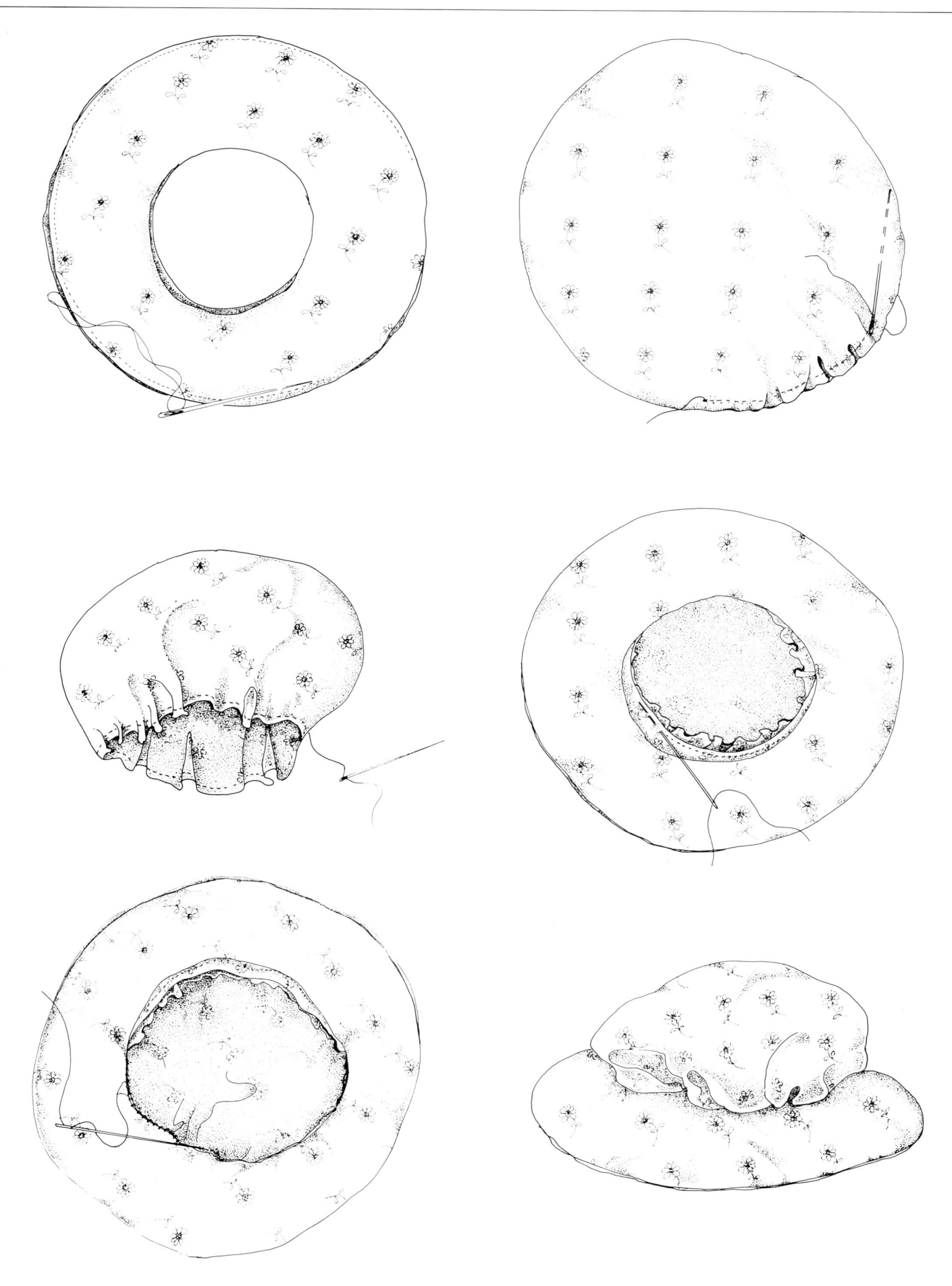

30

Unten
Wie gewünscht verlängern

Schnittmuster

Höschen

2 mal zuschneiden

0,5 cm für die Naht zugeben

Oben

Einkräuseln

Lektion 6
Hütchen aus Bandstroh

Für das Hütchen aus Bandstroh benötigen wir:
Bandstroh
Garn in der Strohfarbe
Schere
Nadel

Bandstroh ist nicht biegsam genug, um es direkt zu verarbeiten. Deshalb weichen wir es zunächst eine halbe Stunde lang in lauwarmem Wasser ein, lassen es abtropfen und tupfen es mit einem Tuch trocken. Das Bandstroh soll sich noch feucht anfühlen, dann ist es geschmeidig und kann mit der Hand oder Nähmaschine bearbeitet werden.

Wir fangen mit dem Hutkopf an und machen ein flaches Rundteil, das wir mit einem Stich befestigen. Wir arbeiten weiter, bis das Rundteil den Puppenkopf oben ganz bedeckt. Danach arbeiten wir nach unten weiter, so daß die Form eines Hutkopfes entsteht. Um die richtige Form zu erhalten, können wir auch um ein Glas oder eine Dose herum arbeiten. Ist der Hutkopf hoch genug, dann beginnen wir mit dem Hutrand.

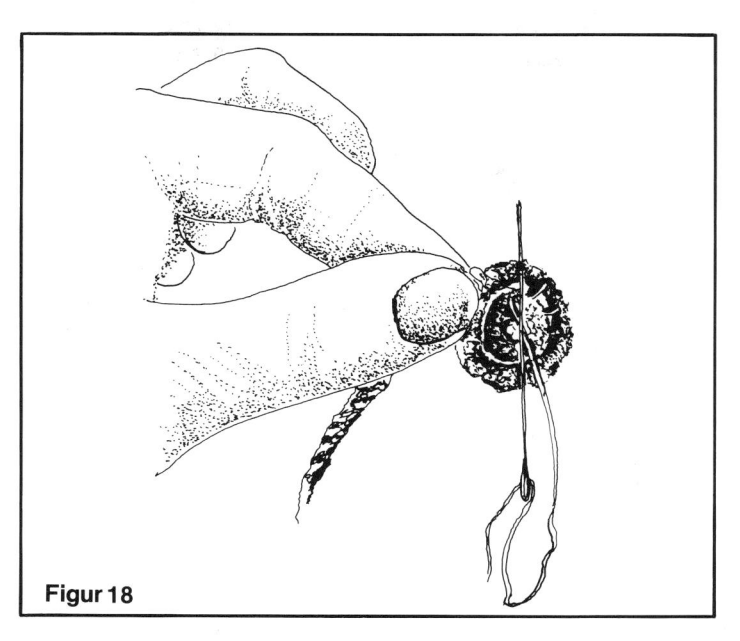

Beim Nähen solcher Strohhütchen können Sie durch Anziehen oder Nachlassen des Bandstrohes die verschiedensten Formen erhalten. Erst, wenn Sie einige solche Strohhütchen genäht haben, bekommen Sie eine gewisse Geschicklichkeit.

Figur 18

Die Kleidung